M. ANGELA VILHENA
RENOLD J. BLANK

ESPERANÇA ALÉM DA ESPERANÇA

ANTROPOLOGIA E ESCATOLOGIA

LIVROS BÁSICOS DE TEOLOGIA
Para a formação dos agentes de pastoral
nos distintos ministérios e serviços da Igreja.

DIREÇÃO E COORDENAÇÃO GERAL DA COLEÇÃO:
Elza Helena Abreu, São Paulo, Brasil

ASSESSORES:
D. Manuel João Francisco, bispo de Chapecó, Brasil.
Mons. Javier Salinas Viñals, bispo de Tortosa, Espanha.
João Batista Libanio, S.J., Belo Horizonte, Brasil.

PLANO GERAL DA COLEÇÃO

TEOLOGIA FUNDAMENTAL
1. *Crer num mundo de muitas crenças e pouca libertação*
   João Batista Libanio

TEOLOGIA BÍBLICA
2. *A História da Palavra I*
   A. Flora Anderson, Gilberto Gorgulho, Pedro L. Vasconcellos, Rafael R. da Silva
3. *A História da Palavra II*
   A. Flora Anderson, Gilberto Gorgulho, Pedro L. Vasconcellos, Rafael R. da Silva

TEOLOGIA SISTEMÁTICA
4. *Esperança além da esperança* (Antropologia e escatologia)
   M. Angela Vilhena e Renold J. Blank
5. *A criação de Deus* (Deus e criação)
   Luiz Carlos Susin
6. *Deus Trindade: a vida no coração do mundo* (Trindade e Graça I)
   M. Clara Luchetti Bingemer e Vitor Galdino Feller
7. *Deus é amor, graça que habita em nós* (Trindade e Graça II)
   M. Clara Luchetti Bingemer e Vitor Galdino Feller
8. *Vida nova para todos os povos* (Eclesiologia e Mariologia)
   Antonio José de Almeida e Afonso Murad

TEOLOGIA LITÚRGICA
9. *O Mistério celebrado. Memória e compromisso I*
   Ione Buyst e José Ariovaldo da Silva
10. *O Mistério celebrado. Memória e compromisso II*
    Ione Buyst e Manuel João Francisco

TEOLOGIA MORAL
11. *Aprender a viver. Elementos de teologia moral cristã*
    Márcio Fabri dos Anjos

DIREITO CANÔNICO
12. *Direito: Instrumento da justiça do Reino*
    Roberto Natali Starlino

HISTÓRIA DA IGREJA
13. *Eu estarei sempre convosco*

TEOLOGIA ESPIRITUAL
14. *Espiritualidade, um caminho de transformação*
    Elza Helena Abreu e Jesús Castellano

TEOLOGIA PASTORAL
15. *Ide e proclamai a Boa Nova da salvação*

APRESENTAÇÃO DA COLEÇÃO

A *formação teológica* é um clamor que brota das comunidades, dos movimentos e organizações da Igreja. Frente à complexa realidade local e mundial, neste tempo histórico marcado por agudos problemas, sinais de esperança e profundas contradições, a *busca de Deus* se intensifica e percorre caminhos diferenciados. Nos ambientes cristãos e em nossas igrejas e comunidades, perguntas e questões de todo tipo se multiplicam, e os *desafios da evangelização* também aumentam em complexidade e urgência. Com isso, torna-se compreensível e pede nossa colaboração o *clamor por cursos e obras de teologia* com sólida e clara fundamentação na Tradição da Igreja, e que, ao mesmo tempo, acolham e traduzam em palavras a ação e o sopro de vida nova que o Espírito Santo derrama sobre o Brasil e toda a América Latina.

É importante lembrar que os documentos das Conferências do Episcopado Latino-Americano (Celam) e, especialmente, as *Diretrizes Gerais da Ação Evangelizadora da Igreja no Brasil* (CNBB), assim como outros documentos de nosso episcopado, não cessam de evidenciar a necessidade de formação teológica não só para os presbíteros, mas também para os religiosos e religiosas, para os leigos e leigas dedicados aos distintos ministérios e serviços, assim como para todo o povo de Deus que quer aprofundar e levar adiante sua caminhada cristã no seguimento de Jesus Cristo. Nossos bispos não deixam de encorajar iniciativas e medidas que atendam a essa exigência primordial e vital para a vida da Igreja.

O documento 62 da CNBB, *Missão e ministérios dos cristãos leigos e leigas*, quando trata da "força e fraqueza dos cristãos", afirma: "... aumentou significativamente a busca da formação teológica, até de nível superior, por parte de leigos e leigas" (n. 34). E, mais adiante, quando analisa o "diálogo com as culturas e outras religiões", confirma: "tudo isso torna cada vez mais urgente a boa formação de cristãos leigos aptos para o diálogo com a cultura moderna e para o testemunho da fé numa sociedade que se apresenta sempre mais pluralista e, em muitos casos, indiferente ao Evangelho" (n. 143).

Atentas a esse verdadeiro "sinal dos tempos", a Editorial Siquem Ediciones e a Editora Paulinas conjugaram esforços, a fim de prestar um serviço específico à Igreja Católica, ao diálogo ecumênico e inter-religioso e a todo o povo brasileiro, latino-americano e caribenho.

Pensamos e organizamos a coleção "Livros Básicos de Teologia" (LBT), buscando apresentar aos nossos leitores e cursistas todos os tratados de teologia da Igreja, ordenados por áreas, num total de quinze volumes. Geralmente, os tratados são imensos, e os manuais que lhes correspondem são volumosos e rigorosamente acadêmicos. Nossa coleção, pelo contrário, por unir consistência e simplicidade, se diferencia das demais coleções voltadas a essa finalidade.

Conhecer a origem desse projeto e quem são seus autores tornará mais clara a compreensão da natureza desta obra e qual seu verdadeiro alcance. A coleção LBT nasceu da frutuosa experiência dos *Cursos de Teologia para Agentes de Pastoral* da Arquidiocese de São Paulo (Região Episcopal Lapa). Os alunos dos vários núcleos freqüentemente pediam subsídios, apostilas, livros etc. O mesmo acontecia em cursos semelhantes, em outras regiões e dioceses. Contando com a colaboração de experientes e renomados teólogos de várias dioceses da Igreja no Brasil, pouco a pouco foi surgindo e ganhando corpo um projeto que pudesse atender a essa necessidade específica. De todo esse processo de busca e colaboração, animado e assistido pelo Espírito Santo, nasceu a coleção "Livros Básicos de Teologia".

Fidelidade a seu propósito original é um permanente desafio: proporcionar formação teológica básica, de forma progressiva e sistematizada, aos agentes de pastoral e a todas as pessoas que buscam conhecer e aprofundar a fé cristã. Ou seja, facilitar um saber teológico vivo e dinamizador, que "dê o que pensar", mas que também ilumine e "dê o que fazer". É desejo que, brotando da vida e deitando suas raízes na Palavra, na Liturgia e na Mística cristã, essa coleção articule teologia e prática pastoral.

Cabe também aqui apresentar e agradecer o cuidadoso e sugestivo trabalho didático dos nossos autores e autoras. Com o estilo que é próprio a cada um e sem esgotar o assunto, eles apresentam os temas *fundamentais de cada campo teológico*. Introduzem os leitores na linguagem e na reflexão teológica, indicam chaves de leitura dos diferentes conteúdos, abrem pistas para sua compreensão teórica e ligação com a vida, oferecem vocabulários e bibliografias básicas, visando à ampliação e ao aprofundamento do saber.

Reforçamos o trabalho de nossos autores, convidando os leitores e leitoras a ler e mover-se com a mente e o coração através dos caminhos descortinados pelos textos. Trata-se de ler, pesquisar e conversar com o texto e seu autor, com o texto e seus companheiros de estudo. Trata-se de dedicar tempo a um continuado exercício de escuta, de consciência crítica, de contemplação e partilha. Aí, sim, o saber teológico começará a transpor a própria interioridade, incorporando-se na vida de cada dia e, pela ação com o Espírito, gestará e alimentará formas renovadas de pertença à Igreja e de serviço ao Reino de Deus.

Certamente esta coleção cruzará novas fronteiras. Estará a serviço de um sem-número de pessoas e comunidades eclesiais da América Latina e do Caribe, com elas dialogando. Estreitaremos nossos laços e poderemos ampliar e aprofundar novas perspectivas evangelizadoras em nosso continente, respondendo ao forte clamor de preparar formadores e ministros das comunidades eclesiais.

A palavra do Papa João Paulo II, em sua Carta Apostólica *Novo millennio ineunte* [No começo do novo milênio], confirma e anima nossos objetivos pastorais e a tarefa já começada:

> *Caminhemos com esperança! Diante da Igreja, abre-se um novo milênio como um vasto oceano onde é necessário aventurar-se com a ajuda de Cristo (n. 58).*

> *É necessário fazer com que o único programa do Evangelho continue a penetrar, como sempre aconteceu, na história de cada realidade eclesial. É nas Igrejas locais que se podem estabelecer as linhas programáticas concretas — objetivos e métodos de trabalho, formação e valorização dos agentes, busca dos meios necessários — que permitam levar o anúncio de Cristo às pessoas, plasmar as comunidades, permear em profundidade a sociedade e a cultura através do testemunho dos valores evangélicos (...). Espera-nos, portanto, uma apaixonante tarefa de renascimento pastoral. Uma obra que nos toca a todos (n. 29).*

Com as bênçãos de Deus, certamente esta coleção cruzará novas fronteiras. Estará a serviço e dialogará com um sem-número de pessoas e comunidades eclesiais da América Latina e do Caribe. Estreitaremos nossos laços e poderemos ampliar e aprofundar novas perspectivas evangelizadoras em nosso continente, respondendo ao forte clamor de capacitar formadores e ministros das comunidades eclesiais.

ELZA HELENA ABREU

Coordenadora geral da Coleção LBT

Dados Internacionais de Catalogação na Publicação (CIP)
(Câmara Brasileira do Livro, SP, Brasil)

Vilhena, M. Angela
    Esperança além da esperança : antropologia e escatolo-
gia : teologia sistemática / M. Angela Vilhena, Renold J. Blank.
— São Paulo : Paulinas ; Valência, ESP : Siquem, 2003. —
(Coleção livros básicos de teologia / direção e coordenação Elza
Helena Abreu; 4)

    ISBN 85-356-1107-X (Paulinas)
    ISBN 84-95385-20-1 (Siquem)

    1. Antropologia 2. Escatologia 3. Esperança - Aspectos
religiosos - Cristianismo 4. Homem (Teologia cristã)
5. Teologia - Estudo e ensino I. Blank, Renold J. II. Abreu,
Elza Helena. III. Título. IV. Série.

03-4310	CDD-234.25

Índice para catálogo sistemático:
1. Esperança : Teologia sistemática : Cristianismo   234.25

1ª edição – 2003
1ª reimpressão – 2016

© Siquem Ediciones e Paulinas
© Autores: M. Angela Vilhena e Renold J. Blank

Com licença eclesiástica (30 de março de 2001)

Coordenação geral da coleção LBT: *Elza Helena Abreu*
Editora responsável: *Vera Ivanise Bombonatto*
Assistente de edição: *Valentina Vettorazzo*

Nenhuma parte desta obra pode ser reproduzida ou transmitida por qualquer
forma e/ou quaisquer meios (eletrônico ou mecânico, incluindo fotocópia e
gravação) ou arquivada em qualquer sistema ou banco de dados sem
permissão escrita da Editora. Direitos reservados.

Siquem Ediciones
C/ Avellanas, 11 bj. 46003 Valencia – Espanha
Tel. (00xx34) 963 91 47 61
e-mail: siquemedicion@telefonica.net

Paulinas
Rua Dona Inácia Uchoa, 62
04110-020 — São Paulo — SP (Brasil)
Tel.: (11) 2125-3500
http://www.paulinas.org.br
editora@paulinas.com.br
Telemarketing e SAC: 0800-7010081
© Pia Sociedade Filhas de São Paulo — São Paulo, 2003

INTRODUÇÃO

Como entender e interpretar a pessoa humana e sua esperança no horizonte da realidade atual? Num mundo de luzes e sombras, de tanto progresso e profundas crises, como distinguir a esperança de uma mera e vazia ilusão? Como pensar com confiança e entusiasmo o presente e o futuro pessoal e coletivo? A esperança cristã tem fundamento sólido e é realmente fonte de novas perspectivas para a vida presente e futura?

Diante dessas e outras indagações, as respostas da fé estão sendo desafiadas, como nunca antes, na história da humanidade. Ao longo deste livro descobriremos que a pergunta sobre a verdade do ser humano e sua esperança é uma pergunta teológica de vital importância. Responder a ela com a razão e com a vida implica descobrir e meditar sobre os fundamentos de uma "esperança contra toda esperança".

A partir dessas e outras questões comecemos nosso diálogo e estudo. Vale a pena uma breve introdução. *Maria Angela* está com a palavra.

Há quem não goste de receber uma boa notícia? Acredito que não. Quando estamos preocupados, uma boa notícia vem a calhar, é sempre esperada. Quando tudo caminha bem, a boa notícia continua sendo bem-vinda. Ela representa a possibilidade de acontecimentos felizes, de uma vida cada vez mais plena.

Este livro é portador de uma boa notícia desde sempre endereçada a você, à sua comunidade, ao mundo. Ela consiste em afirmar ser possível realizarmos juntos a parte mais significativa de nossos desejos coletivos mais profundos: desejos de justiça, paz e harmonia. Se é possível, podemos e devemos ter esperança de poder realizar o potencial de nossa humanidade.

Nestes tempos conturbados, a esperança é uma jóia preciosa que está agora um tanto encoberta por restos de projetos fracassados, um tanto empoeirada pelo desânimo que imobiliza. Ela precisa, mais do que nunca, ser desvelada e polida cuidadosamente para que volte a brilhar com esplendor. Essa jóia é poderosa, quase mágica. Ela é capaz de nos tirar da inércia e nos incentivar ao movimento, à ação.

Essa jóia é um presente dado por Deus a toda a humanidade. Ele é seu artífice. Como toda jóia, essa também vem acompanhada de uma garantia de autenticidade. O avalista é o próprio Deus. É ele quem garante que a jóia é verdadeira, e não falsa. O certificado de garantia vem acompanhado de instruções para a conservação desse presente tão precioso. Ele nos ensina como limpar e polir, fazendo ressaltar e brilhar cada detalhe, cada reentrância e cada pedra preciosa.

No entanto, é preciso abrir e ler o texto do certificado de garantia. Esse texto contém instruções. Quando várias pessoas se reúnem, a leitura fica mais fácil, cometem-se menos equívocos na interpretação. Por isso, estamos aqui reunidos em torno da esperança, um bem de inestimável valor. Estaremos sempre dialogando entre nós e com o próprio Artista. Dessa forma, poderemos expressar nossos anseios e tirar dúvidas quanto à interpretação do certificado de garantia, que é a razão de nossa esperança, assim como das instruções para conservá-la. Além disso, poderemos juntos polir a esperança a fim de que ela brilhe cada vez mais, iluminando e mobilizando outras pessoas para a tarefa, por vezes árdua, da construção possível da justiça, paz e harmonia no aqui e agora de nossa história.

Em toda a primeira parte deste livro, a *Antropologia Teológica* será a mestra que nos ajudará e nos orientará na conversação sobre a reta, difícil e feliz compreensão da pessoa humana comprometida consigo mesma, com as outras pessoas, com o mundo, em Deus. No primeiro capítulo, estaremos dialogando com o Artista Divino, o Deus que é Trindade, presente em cada um de nós, em nossas comunidades, na Igreja, no mundo todo. No segundo capítulo, estaremos conversando entre nós e com Deus, buscando reconhecer e dialogar com base nas várias linguagens com que ele também nos presenteou. Veremos como esse diálogo é necessário tanto para nosso equilíbrio individual como para as relações democráticas interpessoais, grupais e internacionais.

Em continuidade aos objetivos do tema antropológico, o que diz *Renold J. Blank*? Na segunda parte do livro, intitulada *A dimensão escatológica da nossa esperança,* ele apresenta o fundamento de todas as expectativas humanas, Jesus Ressuscitado e o Reino de Deus por ele anunciado e inaugurado. Sem se limitar a uma teologia da morte e do que vem depois dela, ajuda a compreender *a escatologia como a teologia da esperança.* Articulando vida, história e transcendência, apresenta a petição do pai-nosso: "Venha a nós o vosso Reino", como a chave de sua compreensão.

À medida que avançamos no estudo da segunda parte do nosso livro, diz-nos Blank, as antigas verdades da fé cristã revelam-se de novo como as respostas mais convincentes diante das grandes indagações humanas pelo sentido da vida e pelo destino do mundo. As perguntas pelos acontecimentos escatológicos, pelo fim último da vida e do mundo abrem-se para uma visão grandiosa de esperança. Como sua inesgotável fonte, descobrimos a figura de um Deus dinâmico e cheio de vida, cujo objetivo não é nem a morte da pessoa humana nem a destruição do mundo, mas a transformação de tudo em nova situação de vida em plenitude. Eis a realização e o fim último de toda a nossa esperança.

É para que brilhe e se fortaleça cada vez mais a esperança cristã, ativa e transformadora, que este livro espera contribuir. Sendo assim, estaremos cooperando com o autor da esperança para realizar seus projetos, que também são nossos.

M. ANGELA VILHENA

É POSSÍVEL!
UMA BOA-NOVA PARA
A ESPERANÇA

ANTROPOLOGIA TEOLÓGICA

Capítulo primeiro

QUEM TOMA A PALAVRA?

1. ESTAMOS A NOS PERGUNTAR

Entramos em contato com um livro em circunstâncias as mais variadas. Em uma roda de amigos, a conversa se direciona para determinada temática, que suscita ou manifesta alguns interesses que já nos acompanhavam. Então, alguém diz: "Você precisa ler tal livro. Trata-se de uma abordagem interessante. O assunto é encaminhado com seriedade. Levanta questões importantes". Outras vezes, é um professor quem faz a indicação e recomenda determinada obra. Pode ser que estejamos em uma livraria ou biblioteca e um título nos chama a atenção: estudamos o índice, lemos as orelhas da obra, folheamos e nos interessamos pelo assunto e pela abordagem com que o tema é tratado.

Este livro foi construído em torno de uma temática que desperta o interesse de muitas pessoas, pois sua questão central ou objeto somos todos nós, os seres humanos. Nosso grande objetivo é refletirmos juntos sobre nós mesmos. Chamamos para orientar nossa reflexão um conjunto de saberes que se fundam em conhecimentos acumulados ao longo dos tempos por comunidades humanas, que se pensaram no passado e se pensam ainda hoje com base em suas experiências vitais, na ciência e na fé cristã. Portanto, esta obra que apresentamos a vocês, leitores, se inscreve como uma produção cujo objeto, campo e método são delimitados pelos parâmetros da antropologia teológica.

Como toda ciência, a antropologia teológica nasce de um conjunto de questões ou problemas preliminares. Ela busca conhecer a natureza dessas questões, a que elas se referem, bem como seus sentidos mais profundos, para em seguida ordená-las, ampliá-las, discuti-las. Impulsionada por essas questões, a antropologia teológica identifica e estabelece relações, promove e encaminha observações acerca da realidade, incentiva a pesquisa sobre obras que tratam de assuntos semelhantes, apresenta e fundamenta as suas razões, explica, confronta, demonstra, teoriza.

Respeitando a metodologia própria do procedimento científico, que muitas vezes parece árida e exigente, esta obra está muito próxima do cotidiano de todos nós. Isso porque trata de questões que estão relacionadas com a vida de todas as pessoas, independentemente do seu grau de escolaridade, formação, sexo, idade, ambiente cultural, período histórico no qual aqueles que perguntam construíram suas existências.

A maior parte das grandes questões das quais parte a antropologia teológica já foi levantada por nós mesmos e pela maioria das pessoas. Em sua essência, são questões que sempre estiveram presentes nas diferentes épocas da história e nas diferentes culturas. Sendo assim, são questões universais. Contudo, como brotam de histórias de vida, apresentam certas características particulares, assumem formas específicas de um dado momento histórico e de uma dada cultura, manifestam preocupações localizadas, colocam para a reflexão problemáticas e necessidades específicas. Por exemplo: os homens sempre se preocuparam e se perguntaram sobre a continuidade da vida no planeta; entretanto, há trezentos anos, nas perguntas que então eram feitas, não havia referência à camada de ozônio, à acidificação das chuvas, à poluição causada pelos vazamentos de petroleiros. O conjunto das grandes perguntas não é levantado apenas por pessoas individuais. Muitas vezes é todo um povo que se pergunta. Nesse caso, são perguntas comuns, coletivas.

Tanto em seu caráter particular como coletivo, as questões de que trataremos expressam sempre o desejo e a necessidade que as pessoas sentem de se conhecer, de saber de si e dos outros, de explicar o mundo, interpretar a vida, de dar novo significado aos acontecimentos e à história. São questões fundamentais e decisivas. Muitas vezes, as respostas encontradas voltam à vida da qual brotaram, orientando comportamentos e direcionando ações.

Por vezes, essas questões nos ocorrem em contexto de grande sofrimento. Por exemplo: iminência da própria morte ou de uma pessoa querida; a dificuldade pessoal em conseguir um trabalho que garanta vida digna à família; a violência moral, física, econômica cada vez mais generalizada. Como não nos questionarmos diante da constatação de que construímos um sistema social, político e econômico de exclusão da vida e inclusão na sub-vida e na morte, no qual vivemos e que é imposto a uma maioria expressiva da população? Quantas questões surgem a respeito do comportamento humano diante da corrupção que contamina diferentes pessoas e grupos! Estamos sempre a nos perguntar quando observamos que alguns enriquecem indevidamente e outros empobrecem injustamente. Quem não se questiona perante a dor do mundo fomentada por preconceitos e intolerâncias? Ou diante dos excessos do individualismo em detrimento do comunitário e da priorização do lucro em relação ao ser humano? Do interior destes tempos difíceis e duros nos quais vivemos, brotam as mais pungentes e urgentes interrogativas.

Outras vezes, grandes questões podem nos ocorrer em situações de muita paz. Podem nos alcançar quando experimentamos a alegria de viver. Um casamento é celebrado, presenciamos a eclosão de uma nova vida, membros da comunidade que estavam dispersos voltaram a se reunir, o doente recuperou a saúde, o perdão e a reconciliação aconteceram. Nessas ocasiões, quando a vida se faz festa, costumamos nos rever para o reencontro com o que realmente faz sentido. Então, ao nos perguntarmos, re-conhecemos o mundo de modo novo e restaurado.

Por vezes, as interrogativas nos acodem quando buscamos novas esperanças, razões para a superação do desânimo, força e clareza para construirmos novos projetos e nos lançarmos com entusiasmo em novos empreendimentos.

Muitas dessas questões são recorrentes, isto é, voltam a nós inúmeras vezes. Algumas nos perseguem e por elas somos perseguidos. Assim nos encontramos todos nós: em busca de respostas cada vez mais satisfatórias. Podemos verificar se as respostas que vamos construindo ao longo de nossas vidas são cada vez mais autênticas e coerentes. O critério de verificação do valor ou da coerência de nossas respostas é dado, sobretudo, pela qualidade das práticas que orientam e refletem, pela motivação e fundamentação que oferecem para a construção da vida cada vez mais consciente e plenificada. É na ação que as respostas fazem-se vida, concretizam-se e podem ser avaliadas. A presença da solidariedade, do compromisso, da justiça, da bondade, da serenidade são expressões visíveis da qualidade das nossas respostas.

1.1. Sobre o que perguntamos

"Quem quebrou a lua?"

Trazemos aqui algumas questões que provavelmente são suas. Vamos apresentá-las tal como foram se apresentando a nós. Neste momento, não estamos ainda preocupados com a sistematização lógica, mas sim em ouvir e deixar falar a razão e o coração. Portanto, a ordem pela qual essas questões estão aqui elencadas certamente variará de pessoa para pessoa. Variará até mesmo a acentuação ou importância conferida a tal ou qual questão.

- De onde vim/ De onde viemos? Para onde vamos?
- Qual a origem da vida? Há um Criador?
- Por que morremos? A morte é o fim? Fim de quê? Há vida após a morte biológica? Se há, como poderá ser?
- Por que sofremos? Há sentido no sofrimento? Qual é? Como descobri-lo?
- Deus existe? Se existe, quem é? Onde está? É possível, ao ser humano, compreendê-lo? Como? Até que ponto?

- Quem é o Homem? Quem somos nós, os humanos, na ordem dos seres vivos? O que nos distingue dos demais seres vivos? Qual é a nossa natureza?
- Deus e o Homem se relacionam? Existem sinais que apontam para essas relações? Quais são elas? Como identificá-las, compreendê-las, vivê-las?
- O que é o Mal? Quais são suas faces? Por que há o Mal no mundo? Por que o cometemos? Existe relação de causalidade entre o Mal sofrido e o Mal cometido?
- O que é o Bem? Quais são suas faces? É possível desejarmos o Bem e mesmo assim praticarmos o Mal? É sempre clara a distinção entre um e outro? Existiriam critérios de distinção? Quais seriam eles e quais seus fundamentos?
- É possível ser feliz? Como?
- Como entender e viver a razão, a paixão, o amor?
- Liberdade? Somos livres? De quê? Até que ponto? Livres para quê? Liberdade dada ou construída? Liberdade situada?
- Qual o futuro do mundo, da história? A história tem sentido? Qual? E os "sinais dos tempos"?
- Quais as relações entre homem e natureza? Domínio? Responsabilidade? O ser humano é parte da natureza? É natureza?
- Por que os homens produzem religiões? Religião ou religiões? Religiosidade? Religião e sociedade em articulação e dinamismo? Como?
- Como pensar, situar e promover a dignidade da pessoa humana em situações de exclusão econômica, social, cultural, política?

Como se vê, as questões que nos colocamos são inúmeras e de natureza variada. Vocês têm outras questões que não foram aqui contempladas? Certamente elas são importantes, porque cada um de nós é muito importante. Seria bom não perdê-las. Faça suas anotações pessoais. Pode ser útil.

Antes de tudo, aqui vão algumas considerações a respeito de nós mesmos: como somos indagadores! Inquiridores! Inquietos! Desde pequeninos somos perguntadores. Buscamos respostas porque desejamos conhecer mais e melhor para sermos melhores, para organizarmos nossas vidas, fundamentarmos e atribuirmos significado a nossos comportamentos. Penso que a capacidade de indagar, querer saber o porquê, o como, o para que é uma das grandes riquezas do ser humano. É o que permite os avanços no conhecimento, o ir além, o progresso. Quanto mais experimentamos a vida, mais sérias e fundamentais serão as questões que nos colocamos.

Nossas questões são reveladoras de nós mesmos, de nossos anseios mais profundos, de nossas necessidades mais prementes. Revelam também o estágio de nosso desenvolvimento intelectual, moral, ético. Perguntamos fundamentalmente sobre aquilo que chama nossa atenção, que nos permite uma compreensão maior de nós mesmos, do mundo e da vida. Perguntamos fundamentalmente aquilo que para nós é importante.

O subtítulo dado a este capítulo refere-se a uma experiência que pode, por aproximação, ajudar na compreensão do que estamos querendo dizer. Ele originou-se de uma grande e significativa história, como são todas as histórias nascidas da vida. Vou narrá-la.

Algum tempo atrás, estava eu em uma pequena cidade do interior, em casa de meu irmão, que já é avô. Era noite. Diferentemente de São Paulo, onde as luzes artificiais ofuscam as luzes naturais das estrelas e da lua e onde a poluição enevoa a visão do céu, nesta pequena cidade desfruta-se, em noites claras, de um céu esplendoroso. Pois bem, uns dias antes, tínhamos podido observar a lua cheia, clara, amarelada, brilhante, maravilhosa em seu fascínio e mistério. Sucedeu-a, como sempre acontece, a lua minguante: um fio branco e curvo de luz. Contemplávamos o céu. Então, a netinha de meu irmão, no alto de seus quatro anos, lançou, com base em sua experiência acumulada de vida, a grande questão:

— Vovô, quem quebrou a lua?

Agora, perguntamos nós: Por que será que essa questão se colocou para ela? Por que será que foi enunciada dessa forma e não de outra? O que o enunciado revela a respeito do sujeito interrogante?

Muitos de nós embutimos a capacidade de perguntar: seja porque aprendemos que quem pergunta passa atestado público de ignorância; porque não levaram nossas perguntas a sério ou nos ridicularizaram; ou porque nos ensinaram que perguntar é falta de educação ou de respeito em relação a quem afirma algo; porque nos levaram a crer que a dúvida é nociva; ou talvez porque tenhamos medo de confrontar nossas antigas idéias temendo que o novo possa nos colocar em crise; ou porque talvez sejamos fixistas, acomodados. E podem ainda existir outras tantas e tantas razões...

1.2. Com quem dialogamos

Quando elaboramos perguntas, elas são endereçadas a alguém. Esse alguém pode ser nós mesmos. Nós mesmos perguntamos e nós mesmos nos respondemos. Isso acontece quando, ao olhar para fora e para dentro, consultamos nossa própria consciência, nossas convicções, nossa capacidade de observação e análise.

Nossa pergunta pode também ser endereçada a uma pessoa, ou a um grupo de pessoas às quais reconhecemos competência e nas quais depositamos confiança, como fez a netinha de meu irmão, confiando na experiência e sabedoria do avô.

Podemos *estabelecer diálogo* com um conjunto de conhecimentos já firmados, oferecidos à nossa disposição por uma ciência, um conjunto de ciências, ou mesmo uma doutrina. As conquistas e os ensinamentos proferidos pela ciência em progresso (na qual Deus está presente, ainda que por vezes negado) trazem contribuições importantes para o homem moderno. A ciência, como sabemos, trabalha com eficácia e afinco as grandes questões humanas. Elabora e teoriza a gênese do universo, a vida e a morte dos seres e do homem, procura compreender e encaminhar soluções positivas para a dor, o medo, as angústias, as fobias, as emoções, a fome, a produção e distribuição de bens, a ordenação do poder, a construção e a destruição.

A ciência estuda o planeta Terra, a evolução da vida e das espécies, o homem na ordem dos seres vivos. Pensa e constrói teorias que explicam as relações sociais, políticas e econômicas. Reflete e discute as noções de tempo e espaço, finalidade e finalização da vida. Elabora uma compreensão do mundo, propõe e fundamenta princípios éticos. Oferece e apresenta razões sérias e respeitáveis para viver, lutar, conservar, transformar, organizar a vida. A seu modo, como o fazem as religiões, também liga e religa os elementos, os seres e os acontecimentos. Contudo, não esgota a capacidade e os horizontes de compreensão do homem.

A religião e sua fala sagrada não se colocam como destinadas a preencher os vácuos deixados pela ciência, ou seja, explicando apenas aquilo que a ciência ainda não consegue explicar ou resolver. Ao contrário, detêm e ocupam espaço próprio, autoridade própria, racionalidade própria. Desempenham um papel intransferível no concerto das fontes de compreensão e endereçamento da vida. Não se impõem, entretanto, como um conjunto de evidências, porque, aí, não se aninha a fé.

Pessoas portadoras de fé religiosa podem, em atitude de audição interna, articulada a uma leitura dos acontecimentos, eleger o Sagrado como interlocutor. Isso não significa que não consultem a ciência, mas sim que a ultrapassam procurando um sentido maior, uma compreensão mais abrangente, mais alta e profunda, que somente a fé religiosa pode oferecer.

Para os cristãos, a Palavra revelada, interpretada e conservada na literatura bíblica, a sabedoria acumulada ao longo dos séculos pela Tradição, os ensinamentos do Magistério da Igreja, a experiência viva das comunidades de fé e a produção teológica constituem-se em interlocutores privilegiados.

Em uma interlocução que busca veracidade, criticidade e realismo, deve estar sempre inserida a palavra que brota do mundo, o clamor da história, o grito da terra que geme em dores de parto.

Esses procedimentos em busca de respostas não são auto-excludentes. Ao contrário, permitem várias consultas, combinações e prevalências.

Quando isso acontece, inauguramos um diálogo amplo e fecundo entre várias matrizes de conhecimento. Nessa atitude dialógica, todos têm algo a oferecer, a solicitar, a trocar. A parceria que se instala possibilita o aprimoramento da consciência crítica, da objetividade e da sensibilidade.

É preciso ressaltar que o que qualifica um bom interlocutor, como o que foi anteriormente elencado, não é sua pretensão ou tentativa de ser capaz de proferir respostas conclusivas, dadas e acabadas. Ao contrário. A *excelência do diálogo* é alcançada quando nossos interlocutores nos oferecem subsídios para que nós mesmos possamos ir, paulatinamente, organizando nossas respostas, quando nos colocam diante de novos e instigantes questionamentos e nos permitem fundamentar nossas convicções.

2. DIALOGANDO COM A ANTROPOLOGIA TEOLÓGICA

2.1. A palavra da antropologia

Nosso trabalho situa-se em uma interlocução ampla, para a qual são chamadas as diversas fontes anteriormente apontadas. Ao mesmo tempo, procura estar atento à circularidade formada por perguntas/respostas que, a partir delas, se instaura.

Nesta interlocução, a antropologia coloca o chão sobre o qual construiremos nossas reflexões, iluminadas pela contribuição da teologia. A razão desse procedimento justifica-se pelo fato de ser a antropologia a ciência que observa, perscruta, busca entender e explicar o ser humano (*anthropos*), oferecendo à comunidade humana um saber, um conhecimento, uma palavra fundamentada (*logos*) sobre o fenômeno humano em sua unidade primordial e nas particularidades e originalidades com que se apresenta nas diferentes épocas e culturas.

Ora, sendo a antropologia assim conceituada, é fácil entender porque essa mesma ciência é, por sua própria natureza, transdisciplinar. Para dar conta de seus objetivos, precisa perguntar e estar atenta à biologia, paleontologia, psicologia, economia, sociologia, política, lingüística, história, geografia, assim como às diversas áreas do saber filosófico e teológico.

O antropólogo é um investigador da vida humana que busca conhecer o ser humano com base nas condições históricas, geográfico-naturais, econômico-materiais, relacionais e sociopolíticas de sua existência, bem como as formas pelas quais interpreta tudo isso e os significados que atribui. Seu ponto de partida, seu campo de observação e estudo é, pois, o da vida real produzida, compreendida e significada pelos homens. Por isso, ao estudioso da antropologia interessa conhecer e explicar as maneiras pelas quais, em dado momento da configuração de suas histórias localizadas e particulares, os grupos humanos se organizam, se relacionam e produzem os bens necessários à vida, formas de distribuição e consumo, assim como seus sistemas de propriedade.

A antropologia está atenta às formações de grupos internos, tais como os sistemas hierárquicos e de parentesco. Observa e analisa as maneiras pelas quais as normas, as leis, os valores, os costumes, os hábitos são elaborados, conservados, comunicados, transformados. Enfim, *interessa ao antropólogo* tudo o que os homens fazem e produzem socialmente, como se comportam em suas relações internas e com os grupos externos, o que dizem de si, dos outros e dos demais povos. Como interpretam a vida, o mundo, o universo e a transcendência, bem como as interações que permeiam tudo isso.

A antropologia considera o *que é essencial para a compreensão do humano*: o estudo dos sistemas simbólicos, do imaginário, das representações, crenças, narrativas religiosas, mitos, espiritualidades, rituais, cultos. Observa esses fenômenos em suas manifestações culturais, em seus papéis e funções sociais, entendendo-os como dimensão constitutiva das subjetividades e das práticas sociais. Tal se dá porque são fenômenos universais, sempre enraizados na diversidade das formações culturais. Também porque os constructos simbólicos são reveladores da ordem social em que foram gestados e nela operam, fundamentando, orientando, direcionando práticas e comportamentos sociais. Dessa forma, exercem papéis e funções sociais que, de maneira ambígua e heterogênea, alternada e/ou simultaneamente, concorrem para manter, transformar, criticar, justificar e legitimar a ordem social.

A antropologia sempre se interessou por compreender as manifestações religiosas: porque as religiões, oriundas das profundezas da psique humana, são expressão do desejo de transcedência, de realização última, de encontro de sentido para a vida, da busca de compreensão do homem e do universo. Nelas, os sujeitos individuais e coletivos colocam e permitem entrever seus medos, angústias, sofrimentos, esperanças. Sendo assim, as religiões lidam com a totalidade da vida e da morte. Por isso, os antropólogos se interessam por conhecer a forma e o conteúdo das grandes interrogativas que os diversos grupos religiosos se fazem, bem como as respostas que proferem.

Hoje, a antropologia é desafiada a colocar na centralidade de suas preocupações o conhecimento do homem real que vive uma passagem de milênio marcada pela globalização, pela massificação *versus* construção das identidades, pela tensão entre as regionalidades, as nacionalidades e a mundialização da cultura. Para o antropólogo interessado em questões relativas à modernidade, é importante compreender o mundo do virtual e do simulacro, a compressão dos espaços e aceleração do tempo, a crise de valores e de instituições.

Chama a atenção a urbanização descontrolada paralela ao esvaziamento do campo, a dominação política e econômica, os contrastes cada vez mais pungentes e dolorosos entre países, povos, etnias, grupos e pessoas, ora excessivamente enriquecidos, ora excessivamente miseráveis. As violências físicas, patrimoniais e morais instauradoras de uma cultura do medo social também são objeto de suas preocupações. É por meio do estudo das religiões que a antropologia obtém indicadores preciosos para compreender melhor o *seu objeto principal*: o homem e sua cultura.

2.2. Com a palavra, a antropologia teológica

Ocorre que a antropologia aqui proposta é a antropologia teológica. Trata-se de um procedimento científico duplamente substantivado, ou duplamente mencionado, no qual uma referência não anula, exclui ou desmerece a outra. Ao contrário, dialogam sem se confundirem, guardando suas especificidades quanto a seus pontos de partida, métodos e construção do objeto. A vida humana é, para elas, ponto de convergência.

A antropologia teológica é um saber que não entende a si mesmo como conhecimento puramente teórico, desligado ou descompromissado com a vida. É um saber humano, gestado na experiência humana vivida na fé provinda de Deus. Essa antropologia se faz em atitude de audição e diálogo com a vida dos homens e com as demais ciências. É alimentada pela fé, pela Palavra da fé — Palavra revelada — nela conservada e por ela iluminada, para, assim, iluminar a vida. *Seu fundamento*, nunca desconectado da vida da humanidade, nem tampouco da experiência de fé vivida pelos cristãos, é a Palavra de Deus revelada na vida, e na vida acolhida pela comunidade de fé. A Palavra que cria, orienta, julga, mobiliza aponta para o sentido radical da existência, salva a vida, é seu princípio fundante e eficaz.

A antropologia teológica contém e comunica um conhecimento profundo e autêntico sobre a natureza e a condição humana, que engloba e ao mesmo tempo ultrapassa o âmbito da razão científico-instrumental. Busca interpretar o Homem diante dos homens e o situa perante Deus. Interessa-lhe conhecê-lo no tempo da história e durante suas histórias. Dessa forma, o ser humano é constituído o objeto material da antropologia teológica, que é estudado à luz do objeto formal de toda a teologia: Deus na condição de revelado. Por isso, com base na fé experimentada e vivida pelos cristãos, buscamos articular a Palavra expressa na Revelação bíblico-cristã com as experiências históricas do existir humano, em que a fé se concretiza.

Em outras palavras: no estudo da antropologia teológica procura-se articular a existência humana com a Revelação bíblico-cristã, interpretada pelos cristãos como fonte de vida. A existência humana se manifesta por meio dos conhecimentos sobre os homens, provenientes de suas reflexões sobre o mundo em que nascem, vivem, se relacionam, lutam, procriam, trabalham, produzem, alegram-se, sofrem, morrem, esperam. O ponto de partida desse campo do saber é a experiência de fé vivida pelos cristãos, base e condição para qualquer teologia.

O ser humano, a Palavra, a comunidade cristã norteiam o discurso dessa antropologia, necessária à compreensão do homem com vista à sua realização. Esta é, portanto, uma antropologia que possui *objetivos claros*: compreender, sistematizar e explicar o fenômeno humano à luz da fé cristã e incidir na prática histórica dos homens, na construção histórica do processo de humanização, na plenificação possível do ser humano como sujeito individual e coletivo. Aceita que o conhecimento humano sobre si é inesgotável; também aceita que é possível progredir na busca de uma compreensão mais profunda.

Sem descartar outras mediações, colocamo-nos aqui como pessoas que buscam a luz da fé para compreendermos melhor nossa condição humana e atuarmos positivamente no mundo. Cheios de questões que brotam de nossas experiências existenciais *vamos recorrer* à Escritura Sagrada, ao Magistério, às comunidades, pedindo a graça de ouvir o Espírito que fala à humanidade sobre o milagre da vida nestes tempos conturbados.

Sendo esta uma antropologia cristã, buscaremos abrir espaços, na razão e no coração, para o diálogo humano, sempre limitado e aproximativo com a Palavra de Deus que é Trindade. É em nome do Pai, do Filho e do Espírito que o cristão se compreende a si em sua marcha pela vida, sempre comunitária, a caminho de seu Deus-Comunhão.

Resumindo

Desejamos conhecer cada vez melhor a nós mesmos, ao mundo que nos cerca e ao Sagrado que nos envolve. Desejamos nosso esclarecimento e encontrar sentido e finalidade para nossas vidas, bem como para a história da humanidade. Ansiamos pela Verdade.

Nosso desejo de uma compreensão cada vez mais profunda e abrangente é manifestado sob forma de questionamentos em busca de respostas cada vez mais satisfatórias, capazes de oferecer fundamentos para a ação.

Em nosso desejo de esclarecimentos, fazemos perguntas às nossas próprias consciências, às pessoas que respeitamos, à comunidade de fé. Consultamos as ciências. Observamos o mundo e os "sinais dos tempos". As Escrituras Sagradas, a Tradição, o Magistério constituem-se em fonte de respostas, sentido e significação. A antropologia teológica é interrogada e oferece sua contribuição.

Capítulo segundo

PALAVRA DE ESPERANÇA

1. OUVINDO DO PAI: PARENTESCO UNIVERSAL

1.1. Os humanos: seres corpóreos, espirituais e compassivos

Do realismo da antropologia teológica aprendemos uma compreensão positiva do homem e do mundo. Comecemos nosso estudo pela narrativa bíblica da criação. Nela não procuraremos verdades científicas, mas verdades inspiradas pelo Espírito e interpretadas pelos nossos antepassados, que, levantando algumas questões semelhantes às nossas, responderam-nas com base em suas condições reais de existência. Entre perguntas e respostas foram construindo a Sabedoria, saborosa e substancial, que ainda hoje nos alimenta e é patrimônio cultural da humanidade.

Na narrativa bíblica da criação que encontramos em Gn 2, temos que o homem é filho da Terra, *adam* o que vem do solo, feito de solo. Mas aquele que é feito, é feito por alguém. "Então Iahweh Deus modelou o homem com a argila do solo" (Gn 2,7). No surgimento da espécie humana está a mundaneidade do homem: modelado do barro da terra = terra mais água, que jorrava do manancial que "subia da terra e regava toda a superfície do solo" (Gn 2,6). Ocorre que a própria Terra, e nela as terras e as águas, não gesta a si mesma. São obras do Criador que *fez a terra e o céu*.

Filha da terra e das águas criadas por Deus, por Deus modelada, a espécie humana vê culminado seu processo criacional quando "Iahweh Deus insuflou em suas narinas um hálito de vida e o homem se tornou um ser vivente" (Gn 2,7). Vindo da terra e das águas criadas por Deus, pelas mãos de Iahweh modelado, tendo recebido de Deus o hálito de vida (*nefesh, ruah;* em grego *pneuma,* em latim *spiritus),* o homem é, já agora, um *vivente.*

É o hálito divino que transforma o homem em *vivente,* que o diferencia de todos os animais, pois todos foram igualmente criados a partir dos materiais oferecidos pelo solo e todos foram modelados por Deus. "Iahweh Deus modelou então, do solo, todas as feras selvagens e todas as aves do céu" (Gn 2,19). Terra, água, animais e humanos temos, pois, muito em comum. Nossa origem, como matéria criada e moldada por Deus, revela parentesco e intimidade com todas as criaturas. E parentesco com Deus, uma vez que nossa condição de *viventes* é dada pelo seu próprio *hálito* vivificador.

Somos assim, como *viventes,* simultaneamente dotados de corporeidade e espiritualidade. Dualidade na unidade fundamental que caracteriza a consciência humana. Por isso, somos capazes não apenas de sentir dor, bem-estar, saciedade, necessidades, cansaços físicos, mas de pensar, assumir, questionar e comunicar essas realidades. Somos conscientes daquilo que acontece em nossos corpos. Somos autoconscientes. Nossa qualidade de seres autoconscientes permite-nos também sentir, assumir e expressar a dor moral, a felicidade, os desejos, a solidão, as potencialidades e os limites pessoais.

A consciência do corpo e a consciência do espírito, articuladas em uma única consciência (dom de Deus), nos torna capazes de "nos pensar" e dizer "eu": *princípio e condição do processo de personalização.* Esse processo, contudo, acontece na relação com o outro. Este é para cada pessoa um "tu" autoconsciente, capaz das mesmas percepções. É o que permite a intercomunicação entre os *viventes,* base da formação de comunidades, da vida social humana. Não é mesmo verdade que não apenas choramos, rimos, emitimos sons, mas também *temos consciência* da nossa capacidade de chorar, sorrir, emitir sons, gesticular e identificar as causas e as intencionalidades de tais procedimentos? Da mesma forma, somos capazes de identificar nas lágrimas do outro as dores físicas ou morais, em seus sorrisos, suas alegrias ou saciedades.

Todavia, o que nos caracteriza como *viventes* é, sobretudo, nossa capacidade de nos comover — sermos movidos interna e externamente — diante da dor e da alegria do outro. Nas expressões mais altas de amor entre as pessoas, ouvimos: *Sua dor é a minha dor, sua alegria é a minha alegria.* Corpóreos, espirituais, comunitários, chegamos nesse ponto a ser "compassivos", assumindo conscientemente a paixão pelo outro e do outro. É aqui que, refletindo com o outro, podemos questionar juntos nossas dores, buscando minorá-las, e pensar nossas felicidades, buscando potencializá-las.

1.2. Os humanos: trabalhadores criativos

Como *viventes* que respiram o hálito de Deus, somos por ele eleitos colaboradores, responsáveis pelo cultivo (trabalho cuidadoso de arar, adubar, semear, aguar, velar pela germinação e desenvolvimento da plantação) e guarda das terras e das águas dos mananciais (cf. Gn 2,15). Ao *vivente* são atribuídos o conhecimento e o cuidado dos animais, suas espécies e necessidades.

Somos, pois, os humanos, trabalhadores. O trabalho é dom e valor. O trabalho do qual fala a narrativa bíblica não é penoso, tampouco degradante ou alienante, porque é vocacionado, amoroso, solidário e criativo. Não afasta, não descamba para estranhamentos, mas reconhece e estreita laços. Pelo trabalho responsável e cuidadoso de cultivar e guardar a terra e todos os que nela habitam, a espécie humana, por ser espécie de *viventes*, pode cantar com Francisco de Assis o "Cântico das Criaturas", pois se percebe filha da terra de Deus, tal como os vegetais e animais.

Dessa narrativa, belíssima, temos um primeiro aceno em relação à finalidade do homem: guardar e cultivar comunitariamente o jardim com seus quatro grandes rios, guarnecidos de ouro, ônix, resinas aromáticas e "toda espécie de árvores formosas de ver e boas de comer" (Gn 2,9), que Deus fez crescer do solo: a natureza criada. Os autores bíblicos, olhando para trás, para o momento criacional, expressam a necessidade básica da convivência harmoniosa entre os diferentes. Por isso, a espécie humana — homem e mulher — que é criada, reconhece-se na unidade — "osso de meus ossos" — e na diferença — "será chamada mulher". A plena integração é explicada como parte inerente ao processo histórico fundacional das comunidades humanas: "por isso (...) eles se tornam uma só carne" (Gn 2,23-24). Esta espécie é vocacionada a se extasiar com a beleza da natureza, dela se alimentar e a ela proteger e cultivar.

Podemos encontrar nessa passagem bíblica *fundamento para uma ética* da relação espécie humana-natureza. A constatação de que a Terra está doente e pode vir a morrer de "morte matada" felizmente despertou em muitos a consciência ecológica e ambientalista (infelizmente ainda não naqueles que têm o poder político-econômico efetivo). Organizados em diferentes formas de associação, os ambientalistas procuram atuar na contramão da caça predatória, do cativeiro, do extermínio e uso de animais para enfeites e diversão humana. Lutam contra o uso abusivo e extrações desordenadas do solo, desmatamentos, desertificação provocada, acidificação do ambiente, poluição do ar e das águas pelos resíduos dos automóveis, das indústrias e experiências científicas, destruição da camada de ozônio, uso irresponsável de pesticidas, de adubos e de hormônios que comprometem a saúde da terra e de seus habitantes.

A *sabedoria bíblica* pode ser constituída como mais um dos pilares que sustentam a luta e a prática dos ecologistas. Ao mesmo tempo, essa Sabedoria pode ser *critério de discernimento* contra o sentimentalismo superficial e inversor que se percebe em certos relacionamentos que os humanos mantêm com os animais e que tanto agrada ao comércio. Roupas e grifes para animais, cabelereiros e pedicuros (!...) para cães, psicólogos cuidando de traumas felinos, perfumes e cosméticos para bichos, festas de aniversário para cachorro com convidados, animadores, "parabéns à você", babás e motoristas para cães e gatos.

Segundo cálculo feito pelo Dieese, em 2002, o salário mínimo necessário para garantir a uma família (pai, mãe e dois filhos) acesso a itens de necessidade básica era de R$ 1.247,97. No período, o salário mínimo vigente era de R$ 200,00. Dados da última PNAD (Pesquisa Nacional por Amostra de Domicílios) realizada pelo IBGE mostram que 65% das famílias brasileiras têm rendimento mensal inferior a R$ 1.000,00. Outras 3,78% não têm rendimento algum. Conforme o Instituto de Pesquisa Econômica Aplicada, um brasileiro que está entre os 10% mais ricos ganha, em média, 30 vezes o que recebem os que estão entre os 10% mais pobres. Para se ter uma idéia do que representa a assimetria econômica entre nós, vejamos uma rápida comparação, tomando como referência o tempo de trabalho que alguém dentre os 20% da população mais pobre precisa dispender para igualar o seu rendimento mensal com alguém que faça parte dos 20% da população mais rica: na Espanha e Japão, 4 meses; na França, 7 meses; nos Estados Unidos, 8 meses; no Chile e na África do Sul, 1 ano e 7 meses; no Brasil, 2 anos e 8 meses. Essa relação não tem precedentes no mundo. Em apenas quatro países, ela é maior que 20. Apenas no Brasil é maior que 30. Atualmente, 54 milhões de brasileiros vivem abaixo da linha de pobreza.

Hoje, o jardim de Deus no Brasil não está mais tão formoso. No Norte do país, conforme dados do IBGE 2001, apenas 54,7% dos domicílios são beneficíados com esgoto sanitário. No Centro-Oeste são 41,1%, e no Nordeste essa proporção cai para 36,3%. Milhões de toneladas de esgoto sanitário ficam acumuladas a céu aberto. Tal situação se repete nas grandes cidades de todo o Brasil, com suas áreas centrais deterioradas e suas periferias desordenadas e insalubres onde se amontoam aqueles que dentre nós são excluídos de iluminação, arruamentos pavimentados, acesso à saúde, ao lazer e à educação.

Em 2001, o Brasil tinha 5,5 milhões de crianças e adolescentes de 5 a 17 anos de idade trabalhando. Mais de 1 milhão não freqüentava escola e quase 49% deles trabalhavam sem remuneração. As atividades agrícolas concentravam 43,4% dessas crianças e adolescentes. A pesquisa do IBGE mostrou também que cerca de um terço das crianças e adolescentes que trabalhavam — 1.836.598 — cumpria jornada integral: 40 horas ou mais por semana. As taxas de escolarização na faixa dos 5 aos 17 anos aumentaram, de 1992 para 2001, de 75,8% para 89,7%.

A solidariedade para com as baleias e tartarugas, das quais somos *guardiões,* não pode, por hipótese alguma, deixar de privilegiar a solidariedade para com os pobres e, entre eles, os mais indefesos: as nossas crianças. É um absurdo existir cabeleireiros para cães quando crianças morrem de fome e por falta de medicamentos básicos. É uma afronta, um crime social que atenta contra Deus e a dignidade humana: uma criança delirar e convulsionar de febre porque seus pais não podem comprar um antitérmico, e um cachorro usar correntinha de ouro ao pescoço. Decididamente, lixão para crianças e suas famílias e hotel de luxo com cardápio personalizado para animais é crime contra a humanidade.

A expressão *cultus* — de onde *cultivar* remete não apenas ao ato de trabalhar a terra mas também à qualidade resultante desse trabalho — já é incorporada à terra que se lavrou. Há aqui, portanto, um caráter cumulativo: o ato de cultivar e o efeito das incontáveis tarefas. Natureza → trabalho → transformação → produção de algo novo: aqui percebemos nitidamente a passagem do *cultus* para a *cultura.*

Os trabalhadores organizados, por sua atividade laborativa, são criadores de cultura. Pelo seu *trabalho transformador*, incorporam aos objetos de sua ação algo novo, criam novos produtos. E o que é mais importante: no ato do trabalho e na distribuição dos frutos do trabalho, eles estabelecem relações sociais, formam comunidades, criam vínculos, comunicam-se, criam hábitos, desenvolvem a inventividade e as técnicas. Organizam-se, projetam, produzem seu sustento e o de suas famílias, estabelecem leis e códigos de comportamento, desenvolvem e organizam conhecimentos. Descobrem e atribuem sentido às suas ações individuais e coletivas; ultrapassam a ordem da necessidade para a da liberdade. Descansam e organizam formas lúdicas de convivência. Incorporam à ordem da natureza a realidade dos símbolos. Alegram-se e choram coletivamente. Ritualizam comportamentos; preservam a memória; buscam e criam a beleza. É a historicização do *vivente,* ou o *vivente* construindo história.

Com base nessas observações podemos entender melhor a afirmação de Alfonso García Rubio:

> *É mediante o trabalho (não apenas manual, mas também intelectual, artístico) que a pessoa assume a tarefa especificamente humana de transformar o mundo em cultura. É mediante o trabalho que o mundo natural vai sendo humanizado e o ser humano "vai-se fazendo" nessa tarefa transformadora. Em nível teórico, reconhece-se de boa vontade que o trabalho é uma dimensão fundamental da existência humana. O trabalho deveria ser sempre a mediação para a humanização do ser humano.*[1]

"Deveria", diz o autor, como que apontando para uma meta a ser atingida. De fato, assim não acontece. Milhões de seres humanos, em todo o mundo, acham-se excluídos da possibilidade do exercício do *trabalho transformador,* portanto, excluídos de realizarem sua vocação humanizante, de historicizarem o dom de Deus. A realidade é que o trabalho humaniza, mas, tal como se apresenta no mundo contemporâneo, também desumaniza.

Olhemos à nossa volta: qual a transformação experimentada e operada na história pelos ambulantes que, nas esquinas, vendem sacos, alho, balas, quinquilharias em geral? Pelos "flanelinhas" e guardadores de carro? E

---

[1] GARCÍA RUBIO, Alfonso. *Unidade na pluralidade.* São Paulo, Paulinas. pp. 237-238.

onde fica seu direito à aposentadoria, seguro, férias, direitos trabalhistas? Qual a criatividade, o prazer, a realização pessoal inerente ao trabalho repetitivo de um caixa de supermercado? À automatização opiácea a que é submetido o digitador de uma empresa? Ao cavador de buracos para túneis? Ao coletor de lixo?

Os pobres carecem de possibilidades concretas para o acesso ao trabalho transformador no qual possam se realizar como pessoas criativas. *Ah!,* dirão alguns, *antes isso do que nada!* Ocorre que *isso,* para a antropologia cristã, não é vocação nem finalidade de vida de ninguém. Deus não criou o homem para ser *isso*, mas para ser pessoa em processo de realização de seus dons. *Bem,* dirão outros, *alguém tem que fazer esse serviço.* É verdade. *O desafio é: como humanizar o trabalho desumanizante.* Quais esforços a sociedade vem fazendo nesse sentido? Quais os resultados que se pode apresentar?

Refletindo sobre questões pertinentes ao campo das atividades econômico-produtivas, João Paulo II reconhece que:

> *É forçoso notar que, no mundo de hoje, entre outros direitos, é com freqüência sufocado o direito de iniciativa econômica. Trata-se de um direito importante, não só para os indivíduos singularmente, mas de igual modo para o bem comum. A experiência mostra que a negação deste direito ou a sua limitação (...) é algo que reduz, se é que não chega mesmo a destruir o espírito de iniciativa, isto é, a subjetividade humana... Ora, isso gera um sentimento de frustração e desespero, e predispõe para o desinteresse pela vida nacional.[2]*

A antropologia bíblica, sem dúvida alguma, é profundamente humanizadora. Mais do que nunca é necessária como paradigma e critério de julgamento. Por essa razão é necessário voltarmos a ela com freqüência, pois nos ensina que o processo de humanização, que nasce do trabalho gerador de cultura, é dom de Deus. Cabe a todos os homens e mulheres a preservação do dom vivido como *labor* cultural e, portanto, comunitário. Esta é mais uma das facetas de sua finalidade terrestre.

Ser o *guardião* = *cultivador* do próprio processo de humanização: eis aí a antropologia bíblica, que, perpassando os milênios, continua extremamente moderna. Fundamenta e dá razões para a compreensão exata da dignidade e responsabilidade humanas. Cada homem e mulher deve ser protagonista da própria história, dizem com razão nossos contemporâneos.

---

[2] João Paulo II, *Sollicitudo Rei Socialis,* Carta Encíclica sobre a Solicitude Social. São Paulo, Paulinas, 1988. p. 25.

1.3. Humanidade: construção da solidariedade

O ser humano é protagonista sim, mas não o Senhor da História. O Senhorio cabe a Deus, pois a ele pertence não apenas o jardim, mas também o conhecimento e o discernimento último e radical entre o Bem e o Mal, o sentido e a orientação da vida por ele criada. Por isso coloca regras de comportamento. Sem regras que regulem comportamentos, qualquer vida social é impossibilitada. A primeira é positiva: "Podes comer de todas as árvores do jardim". A segunda é negativa, e também explicativa: "Mas da árvore do conhecimento do bem e do mal não comerás, porque no dia em que dela comeres, terás que morrer". Sem dúvida nenhuma, o homem como criatura, pela graça (hálito insuflado) é capaz de discernir entre o bem e o mal. Mas, como criatura, é também limitado: conhece, mas conhece em parte; discerne, mas discerne em situação. É protagonista, mas não auto-suficiente. "Sereis como deuses" (Gn 3,5), aí está a tentação sempre presente: a absolutização da individualidade humana.

A absolutização da individualidade não permite o conhecimento da *alteridade*, o reconhecimento do outro como sujeito. Fixa o homem na imanência, não permite qualquer tipo de transcedência. Destrói a pessoa, pois impossibilita o desenvolvimento da consciência de si, da consciência dos outros, da consciência do mundo, da consciência do tempo e da história. Nenhuma pessoa, nenhuma etnia, nenhuma nação, nenhuma religião ou continente é em si um absoluto.

Afirmar esse erro é a raiz das xenofobias, dos preconceitos, dos racismos. É a fonte da arrogância, dos particularismos, dos tribalismos antigos e contemporâneos, dos sectarismos de toda espécie, também dos privatismos, da usurpação e da exploração do trabalho do outro, da negação do trabalho como dom e do triunfo de sua afirmação como pena, castigo, sofrimento. Afirmar que o saber, a economia, a religião, a técnica, a ciência, a política de um povo ou de uma nação devem por direito se constituir em centro ou modelo único para o mundo é reduzir o restante do mundo à condição de periferia, de subalternidade e dependência.

É o que aconteceu e hoje acontece quando o homem ou um grupo, de *guardião* e *cultivador* do jardim plantado na Terra, que pertence a Iahweh Deus (Ex 19,5), arroga-se ser o proprietário individual do jardim, declarando-se dono da Terra e de tudo o que ela contém e nela se produz pelo trabalho coletivo. É o senhor do Bem e do Mal, sem outros parâmetros que não a satisfação de seus desejos individuais.

A absolutização da individualidade, sempre egocêntrica, destrói a solidariedade, que é a argamassa que sustenta a cultura em todos seus níveis e expressões, pois rompe os vínculos humanizantes que, em um grande laço, ou abraço, destinam-se a enfeixar positiva e dinamicamente as pessoas nos grupos, os grupos e as nações, os humanos e os vegetais, animais, águas, terras, cosmo. A antropologia teológica motiva para a sensibilidade solidária, includente e universal.

Sem negar as limitações, as contradições e as angústias presentes na vida de cada ser humano e sem dissimular a conflitividade do mundo, a antropologia teológica também ensina que, neste mundo, o homem criado por Deus surge como um ser em processo de desenvolvimento moral e espiritual. Trata-se de uma antropologia exigente, até porque esse processo não é vivido sem tensões, mas é confortadora na medida em que *profetiza* a possibilidade do processo gradativo de superação das contradições. E, mais do que isso, anuncia e oferece os meios para tal, ao mesmo tempo que fundamenta as razões dessa esperança. Assegura que o processo de plenificação humana é potencializado pelo dom da Graça de Deus, que habita o homem e o mundo.

1.4. Homens profetas

Em Gn 1,27 encontramos outra narrativa da criação: "Deus criou o homem à sua imagem, à imagem de Deus ele o criou, homem e mulher ele os criou". Para o entendimento do ser e da natureza humana, essa é uma citação fundamental. Constitui-se em lugar teológico clássico na teologia da criação. É bem verdade, como analisa Pedro Trigo,[3] *que o conceito de imagem pertence a uma antropologia na qual a causa exemplar exerce um papel relevante. O fato de Deus ter-nos criado à sua imagem significa que Deus é o nosso modelo.* O autor identifica essa antropologia como própria das culturas tradicionais, nas quais os seres humanos são concebidos pela referência a modelos e se realizam à medida que os reproduzem. Já a cultura ocidental moderna é avessa a concepções que adotem modelos prefixados ou não históricos para a constituição humana: cada indivíduo projeta, constrói e é seu próprio modelo. Há também que se considerar que o conceito de "imagem" pode e tem dado lugar a uma série de antropomorfismos (atribuição a Deus de caraterísticas, sentimentos, faculdades e demais atributos humanos) descabidos.

Essas considerações não invalidam o conceito de "imagem", mas exigem que ele seja recolocado de maneira nova e compreensível a fim de ser recebido em nossos tempos como "uma boa nova". Da riqueza desse conceito, lembramos algumas facetas:

- Sendo o ser humano criado à imagem de Deus, é a ele referido e a ele está ligado. Portanto, o contato com Deus é percebido como dimensão radicalmente humana.

---

[3] TRIGO, Pedro. *Criação e história*. Petrópolis, Vozes, 1988. p. 316s.

- Na condição de ser criado à imagem viva de Deus, o ser humano é seu símbolo vivo na criação e, conseqüentemente, na história.

- O enraizamento e o fundamento do Homem é Deus; portanto, a origem, o agir, a finalidade do homem vertem-se historicamente para Deus, que se torna seu princípio, paradigma, horizonte e meta.

- Ter Deus como modelo, e não como forma que aprisiona, constitui-se em horizonte utópico aberto a infinitas possibilidades futuras.

Estando o homem ligado à Terra, e simultaneamente ligado a Deus, é capaz de viver plenamente sua mundaneidade sem, contudo, a ela se prender ou nela se esgotar. É, portanto, capaz de transcendê-la. Ao transcendê-la, é capaz de interpretá-la; de elaborar significados para a ação que realiza; de pensar em si e no mundo exterior integrando-se; de relacionar-se socialmente e refletir sobre essas relações; de enfrentar e resolver criativamente problemas; de sonhar e imaginar, de projetar, criando cultura.

Nesse processo progressivo de *humanização individual e coletiva*, cada pessoa, cada comunidade vai gradativamente realizando sua vocação conforme responde à chamada de Deus, aproximando-se cada vez mais dele. Nessa convivência íntima entre o ser humano e seu Deus acontece com o homem algo semelhante ao que sucede em nossa convivência humana com os seres aos quais amamos e pelos quais nos sentimos amados. Vamos pegando o seu jeito, tornando-nos parecidos, assemelhando-nos a eles e, quase sem perceber, assumimos seus gestos, multiplicamos suas atitudes. Não é mesmo um fato observável que membros que se amam de uma família unida sejam em algo parecidos? Ouvimos com freqüência afirmações semelhantes:

"A Rita tem o jeito de sua mãe! Os mesmos gestos, o mesmo senso de justiça, a maneira carinhosa de olhar!"

"Como José se parece com seu pai! A mesma paciência, a mesma honradez, a mesma responsabilidade."

Quem vê esses filhos, vê neles muito de seus pais. São por seus gestos e atitudes como que imagens atualizadas de seus pais, que por filiação genética já traziam dentro de si, antes mesmo de nascer. É como se fossem símbolos vivos de seus pais. Os *viventes,* filhos de seus pais, são, por criação, filhos do mesmo Pai. Os *viventes* são irmãos. Vivem, contudo, como irmãos?

É somente como pessoas — que têm consciência de si, consciência de Deus, consciência do outro, consciência do mundo, compassividade e trabalho — que podemos realizar historicamente a fraternidade universal advinda da *gesta criadora.* Nessa fraternidade, sempre construída e reconstruída, o homem não surge como ser errático, isolado, mônada perdida. O *hálito insuflado* permanece. O parentesco com Deus e com todas as criaturas é indissolúvel.

Assim é que o homem, *em colaboração livre com a graça de Deus*, é bom, reto, verdadeiro, justo, misericordioso, solidário. Somente assim vai reapresentando ao mundo facetas do Criador. Vai historicizando, ainda que de maneira sempre limitada e aproximativa, o dom — imagem e semelhança com Deus — para si e para os outros. Aí sim vai-se tornando arauto, mensageiro, anjo, profeta de Deus e, por assemelhamento a ele, o anuncia ao mundo. Dessa forma, constrói em comunidade com Deus, pela comunidade humana, a história do mundo, recriando-o, rejuvenescendo-o amorosamente. Nesse homem, livremente fiel à sua vocação, age o Espírito que renova a face da terra: "Eis que faço nova todas as coisas" (Ap 21,5).

Nesse sentido, Padre Comblin lembra-nos os dons do Espírito, em paralelo à realização da vocação humana:

> *A ação do Espírito no homem e pelo homem renovado é ao mesmo tempo uma e múltipla... O Espírito Santo produz liberdade, palavra, ação, comunidade e vida... Representam esses cinco aspectos a vocação humana.*[4]

Como cada homem, na condição de ser individual, singular e limitado, só consegue revelar facetas particularizadas, aspectos singularizados do Criador, é no conjunto da humanidade, em sua multiplicidade e diversidade, que ao longo dos milênios da história a imagem de Deus mais transparece, sem contudo jamais se esgotar. Por uma gota da água do mar pode-se conhecer algo do mar; ela, porém, nunca é o mar formado pelo conjunto dos mares. Apenas em Jesus Cristo a imagem de Deus é perfeitamente historicizada e visibilizada: "Quem me viu, viu o Pai" (Jo 14,9).

1.5. Homens irmãos: filhos de Deus Pai e Mãe

Por isso e para isso, a antropologia teológica apresenta à humanidade uma figura exemplar: o protótipo do que entende como ser humano. O homem perante os homens, o homem perante Deus, aquele que com os homens e com Deus está radicalmente comprometido. O homem na radicalidade máxima da realização de sua humanidade, modelo do que significa ser *humano,* é Jesus de Nazaré, o Cristo. A exemplaridade viva e nutriente do humano encontra na prática de Jesus a máxima perfeição.

De Jesus de Nazaré aprendemos a chamar *Iahweh* de Pai: meu Pai, nosso Pai, legitimando a certeza e o conceito de filiação e, conseqüentemente, de *irmandade*, comunidade humana composta por irmãos em origem e ação. Irmãos *no* Pai, filhos do mesmo Pai. Muito já se tem escrito

---

[4] COMBLIN, José. *O Espírito Santo e a libertação.* Petrópolis, Vozes, 1987. p. 85.

a esse respeito. Não são poucos os sociólogos, antropólogos e teólogos a apontarem, com razão, fatos históricos correlatos à excessiva prevalência conferida à figura do Pai. De fato, no correr dos séculos ela foi manipulada para justificar autoritarismos, centralismos, dominações, imobilismos, legalismos, quando do Pai descambou-se para o patriarcalismo.

Neste momento da história ocidental moderna, parece necessário o resgate da figura paterna. Trata-se de uma sociedade que rejeita todo tipo de autoridade, confundindo autoridade e autoritarismo. Simbolicamente, o Pai é o que detém a "chave da casa", ou seja, o poder de abrir e fechar, colocar regras e normas, determinar limites, representar a estabilidade, a permanência e a cultura. A essa representação opõe-se a figuração da mãe: douçura, perdão, carinho, aconchego. Nesse imaginário dicotômico, o Pai rejeitado é o "não", a Mãe desejada é o "sim".

O que nós observamos: a ausência física ou vivencial da figura paterna. O Pai é descartável, ou ele mesmo se descarta. Consequência: os filhos não têm parâmetros do masculino. No núcleo familiar ocorre um vazio de representação. Com a rejeição do Pai, "é proibido proibir". Nada de regras, nada de limites, nada de respeito, nada de obediência. Ocorre que os jovens precisam urgentemente de quem lhes ofereça parâmetros, apresente valores, infunda respeito, balize limites, coloque regras de comportamento e convivência social. Esses procedimentos, inerentes ao processo de socialização, são fundadores e mantenedores de cultura.

Superar positiva e criativamente a dicotomia indevida entre as figurações do Pai e da Mãe, conservar a diferença convergente, mas inconfundível de seus papéis sociais, repensar a positividade da presença da autoridade sem autoritarismo, ressaltar a importância de valores fundamentais é uma necessidade moderna. Os jovens, lançados no mundo com ausência de parâmetros, estão, a seu modo, clamando por quem os oriente. O Pai é insubstituível tal como a Mãe. O vazio de representação paterna legítima tem sido preenchido pela busca de outras fontes de autoridade, nem sempre positivas: o chefe das gangues e tribos urbanas, o traficante, o policial, o Estado, o chefe do partido, o líder religioso impositivo etc.

Na narrativa de Gn 1,27 temos que *homem e mulher ele os criou* à sua imagem. Diversos, não desiguais: ambos *imagem* de Deus. Pela fecundidade do amor, sem perda de suas características, feitos pai e mãe. Imagem de Deus Pai/Mãe.

1.6. Homens: habitações de Deus

A antropologia teológica apresenta à humanidade uma Boa-Nova: Deus escolheu o humano como lugar privilegiado de sua habitação. É o que ensina o apóstolo Paulo: "Não sabeis que sois um templo de Deus e que o Espírito de Deus habita em vós?" (1Cor 3,16).

Agostinho, bispo de Hipona, em suas *Confissões*, expressa esta certeza cristã: "E como invocarei o meu Deus — meu Deus e meu Senhor — se, ao invocá-lo, o invoco sem dúvida dentro de mim?... E assim, se existo, que motivo pode haver para vos pedir que venhais a mim, já que eu não existiria se em mim não habitásseis?".

Trata-se, como se vê, de uma antropologia positiva segundo a qual a valorização de cada ser humano é elevada a seu ponto máximo: o homem é templo vivo, lugar histórico do Sagrado, casa de Deus. Essa positividade não é afirmada para justificar falsas seguranças, auto-idolatrias, comodismos: "Se alguém me ama, guardará minha palavra, e meu Pai o amará, a ele viremos e estabeleceremos morada" (Jo 14,23). "Quem tem meus mandamentos e os observa é o que me ama; e quem me ama será amado por meu Pai. Eu o amarei e a ele me manifestarei" (Jo 14,21).

2. NA VOZ DO FILHO: UMA ANTROPOLOGIA

A sacralidade do humano se comprova pelo fato do próprio Deus, na pessoa do Filho, ter assumido para si o corpo humano. Esse acontecimento nos permite afirmar que somos seres sagrados, apesar de não sermos divinos, posto que somos criaturas.

"E o Verbo se fez carne", viveu em corpo humano, ensina João (Jo 1,14). Como qualquer humano, habitou o mundo dos homens, fez do mundo sua casa, porque nele armou sua tenda. Sacralizando nosso mundo com sua presença histórica, fez suas as alegrias do povo, construiu amizades, acolheu os aflitos, ofereceu aliança, bênção e perdão. Viveu as dores de sua gente, experimentou o medo, angustiou-se. Participou da conflitividade gerada na vida societária pelos interesses excludentes dos poderes religiosos, políticos e econômicos. Sonhou transformar o mundo. Fez planos e elaborou estratégias de superação. Sentindo na carne a dor humana, desnecessária e injustamente criada pelos homens, foi, perante ela, um inconformista militante. Foi juiz, pregador, organizador e líder de grupos. Homem de crenças e de princípios sólidos, homem de oração, de reflexão e ação.

Na humanidade de Jesus, irmão dos homens, está a revelação do que é ser homem. *No homem Jesus, Deus se revela.* A revelação do divino no humano Jesus não é entendida como um conjunto de informações especulativas ou teorizações sobre o ser de Deus. É, antes, o Caminho de Deus e para Deus que os homens devem percorrer entre os homens. É indo ao encontro dos outros homens que cada homem pode encontrar a si mesmo. Ao se auto-revelar, revela para o mundo sua humanidade. No encontro com o outro, o homem tem a chance de encontrar Deus.

2.1. Caminho de humanização

O texto de Mateus 25,31ss, chamado *Discurso Escatológico*, fundamenta essa certeza, ao mesmo tempo que concretiza de maneira ímpar o que significa para Jesus, o Filho do Homem, fazer-se *carne* e *habitar* entre os homens.[5]

O texto fala de um vivente faminto e sedento. No tempo da história, no tempo da ação, ele esteve perante alguém que lhe deu de comer e beber. Esteve também perante alguém que lhe negou comida e bebida. Fala-se sobre uma pessoa indefesa que durante os anos de sua vida foi aceita e incluída por uns na vida das cidades e dos campos, e desprezada e banida por outros. Um pequenino, por ser doente ou encarcerado, esteve perante homens que o assistiram ou negaram assistência.

No sedento, no desnudo, no forasteiro, no faminto, Jesus disse que esteve presente e vivo, tão sedento, faminto e excluído quanto eles, os menores dentre os homens. É no face a face com os excluídos entre os homens que acontece o face a face com o Filho do Homem. É na interação que os homens estabelecem entre si que acontece a interação destes com Jesus Cristo, qualificando a interação entre os homens e Deus A solidariedade é a salvação histórica da comunidade humana e o caminho para a salvação em Deus. O pequenino — encarnação do Filho do Homem — é no Filho do Homem revestido com o manto de glória e com a toga do juiz. É dele que provém a Palavra do julgamento.

Esses pequeninos, tanto no tempo de Jesus como hoje, não foram constituídos em minorias em relação ao total da população. É preciso que eles sejam identificados sem eufemismos; eles têm um nome que expressa o coletivo que representam. Seu nome é: o pobre. Pobre é o sujeito sempre referido, e nunca entendido, senão na totalidade do grupo social que sua presença visibiliza.

Leonardo Boff, em *Ecologia: grito da terra, grito dos pobres,* apresenta-nos dados impressionantes. Segundo ele, no mundo contemporâneo, 1,1 bilhão de pessoas vivem na pobreza. Destas, 630 milhões são extremamente pobres, com uma renda *per capita* anual de apenas 275 dólares. Hoje, 1 bilhão de pessoas passam fome e são analfabetas. Uma de cada três crianças com menos de cinco anos é subnutrida, perfazendo um total de 150 milhões de crianças. Antes de completarem seu quinto aniversário, 12,9 milhões de crianças morrem anualmente. Cerca de 100 milhões de pessoas não têm teto. O acesso à água potável é vedado a 1,5 bilhão de seres humanos. No mundo moderno, os 20% mais pobres do planeta estão hoje mais famintos e subnutridos do que no ano de 1900. Conforme o Projeto Fome Zero, apoiado em dados da PNAD 1999, no Brasil, onde os

---

[5] Sugerimos que você localize em sua Bíblia o texto de Mt 25,31ss e leia-o com abertura de mente e coração.

20% mais ricos detêm 65% da renda nacional, 9,9 milhões de famílias (4,7 pessoas por família) com renda mensal inferior a um salário mínimo não conseguem garantir sua segurança alimentar.

Por isso é que Hélcion Ribeiro afirma:

> *A renovação da(s) antropologia(s) teológica(s) não pode mais ignorar a pessoa humana como imagem de Deus nos pobres historicizados que estão presentes por toda parte, seja como maiorias nos povos do Terceiro Mundo, seja como minorias nos povos desenvolvidos, seja como presença grandemente significativa no interior do Povo-de-Deus. E a elevação (salvação libertadora) do ser humano, hoje individual, amanhã, comunitária e escatologicamente, passa pela mediação de solidariedade dos e com os pobres.[6]*

2.2. Para alguns: uma Boa-Notícia

A Boa Notícia destina-se preferencialmente aos pequeninos necessitados. É também uma Boa-Notícia para os compassivos, os efetivamente solidários com os pobres. Não o é para os exploradores, acumuladores. Não para aqueles que, perante os outros, na experiência do face a face, viram a face. Para estes últimos, a Boa-Notícia assume um tríplice caráter:

- Será uma Má Notícia porque serão submetidos ao julgamento dos pobres e do Filho do Homem.
- Será uma Má Notícia porque Jesus, nas Bem-Aventuranças ou nas Felicidades dos pobres e dos justos (Mt 5,3-12), promete, afirma e garante a construção histórica de um mundo novo no qual a injustiça não será mais possível. Portanto, virá o tempo em que os pobres e justos triunfarão e os injustos não mais poderão explorar, dominar, corromper, acumular.
- Poderá ser para estes também uma Boa-Notícia, *se* e *desde que*, espontaneamente, mudem de forma radical a orientação de suas vidas; transformem suas práticas; convertam-se.

Tanto os exploradores quanto os solidários nem sempre identificaram na pessoa do pobre o Filho do Homem, ou disseram "Senhor, Senhor". De uns e de outros não é dita a nacionalidade, a etnia, o sexo, a profissão, a idade, nem mesmo a religião. Essas realidades não são critérios de salvação. Daí se deduz que entre os homens não devem existir fronteiras políticas, muros econômicos, sociais ou religiosos. Se existiram e ainda existem, foram e são obras de "não-homens" a serem saltados, derrubados pelos " homens humanizados" na ação.

A adesão a Jesus não se faz sem a adesão à causa desses pobres. João Paulo II, em sua mensagem para o *Dia Mundial da Paz* (1º de janeiro de 2000), coloca para o mundo:

---

[6] RIBEIRO, Hélcion. *A condição humana e a solidariedade cristã.* Petrópolis, Vozes, 1998. p. 169.

Ao início de um novo século, a pobreza de bilhões de homens e mulheres é a questão que, em absoluto, mais interpela nossa consciência humana e cristã e torna-se cada vez mais dramática em virtude da constatação de que os maiores problemas econômicos do nosso tempo não dependem da falta de recursos, mas do fato de que as atuais estruturas econômicas, sociais e culturais sentem dificuldade em assumir as exigências de um autêntico progresso.

Na cidade de São Paulo, os assassinatos cresceram no primeiro bimestre do ano 19% em relação ao mesmo período em 1999, o ano mais violento de nossa história local. Foram 164 casos a mais, totalizando 1.046 mortes. Tão grave quanto a explosão numérica da violência é o perfil das vítimas: elas são cada vez mais jovens e cada vez mais pobres. Neste bimestre, os homicídios na faixa de 10 a 19 anos cresceram três vezes mais do que os assassinatos de adultos com mais de 50 anos. Pulou de 51% para 58% o percentual de mortos que moravam nas regiões mais excluídas da cidade: Jardim Ângela, Capão Redondo, Cidade Ademar, Jardim São Luiz. Na cidade do Rio de Janeiro, 1,099 milhão de pessoas vivem em favelas. Sem a ocupação plena do Estado, essas áreas foram sitiadas e controladas pelo tráfico e banditismo organizado, que detém poder de vida e morte sobre a população residente. Nessas áreas, famílias ordeiras e trabalhadoras são feitas reféns cotidianas dos criminosos. Crianças e jovens são aliciados ou obrigados a servirem ao tráfico. A violência, que a ninguém poupa, se expande por toda a cidade.

Tanto no Rio de Janeiro como em São Paulo, nas áreas nobres, as estatísticas de assassinato seguem muito mais baixas que nas periferias empobrecidas. Como vimos, a concentração dos endereços das vítimas aponta para moradores de favelas e áreas consideradas de risco pela falta de infraestrutura urbana. Faltam-lhes iluminação, calçamento, serviços de água, acesso a transportes, oportunidade de trabalho, equipamentos de lazer, educação, saúde, policiamento. Estamos em uma guerra urbana em que os vencidos e mortos são as crianças e os jovens pobres. Pesquisa realizada pela Unesco em 60 países atribui ao nosso país a maior taxa de mortes por armas de fogo; só a Colômbia e Porto Rico têm mais assassinatos de jovens que o Brasil. São os pequeninos do Evangelho, para os quais a Boa-Notícia ainda não chegou. Contudo, neles o Filho do Homem habita: sedento, faminto, despido, doente, excluído. Neles, é novamente torturado e assassinado.

Não se trata de forma alguma de fazer dos pobres objeto de caridade, instrumentalizando-os para conseguir a própria salvação, ou fazendo doações para aplacar consciências. Trata-se de estabelecer com os pobres uma aliança em sentido pleno, na qual todos — pobres e não pobres — sejam igualmente responsáveis pelo bem de todos e de cada um. Isso implica transformar as relações econômicas, políticas, sociais e religiosas por meio do concurso de todos para a salvação da humanidade na história comum a todos.

2.3. Resgate crítico da corporeidade

Fome, sede, nudez, doença, prisão, exclusão referem-se à corporeidade humana. O que se vê, com absoluta clareza na antropologia jesuânica, é a valorização do corpo do homem, apresentado como sede e condição de vida. A concepção de homem que emerge da prática de Jesus supera a dicotomia, a oposição entre corpo e alma. Essa dicotomia assumida pelos gregos (Platão, Fédon...) e incorporada por muitos cristãos não encontra fundamento no Evangelho de Jesus nem tampouco na tradição veterotestamentária. Neles, o corpo não é entendido como embalagem da alma, muito menos como sua prisão ou tumba. Onde está o corpo do homem está o homem por inteiro. Por isso, o ser humano não tem um corpo, é um corpo vivificado pelo espírito ou, caso se queira, pela alma.

Recuperar a concepção do ser humano como *totalidade viva*, porque dinamizada pela relação integradora corpo/alma, é uma das grandes necessidades do mundo contemporâneo, no qual o corpo sofre violenta dessacralização. Ameaçado por sistemas econômicos mortíferos; feito mercadoria viva pelo modo capitalista de produção, no qual o trabalhador precisa encontrar quem lhe queira comprar o corpo, a sensibilidade, o tempo, a criatividade, a energia vital; vilipendiado por ideologias que pregam a exclusão de corpos discriminados por terem certo tom de pele, determinados sinais fisionômicos, tipo de cabelo, peso e altura; exposto na mídia como objeto de consumo; explorado pelo narcotráfico; mutilado e eliminado pela violência interna e por guerras entre povos e nações; reduzido a peça de carne pela indústria do sexo, o corpo humano precisa, mais que nunca, ser resgatado da escravidão para a libertação.

Quando despido de sua sacralidade pelo prazer hedonista e pelo narcisismo, o corpo humano é convertido em ídolo do homem. Para tê-lo segundo os padrões dominantes do belo, arquitetado pelo mundo dos enriquecidos, muitos daqueles que têm poder e ócio investem nele seu tempo, suas energias, seus objetivos de vida. Pouco ou nada lhes sobra para dedicarem-se a cultivar idéias, valores, espiritualidades. Estão absortos nos cuidados com o próprio corpo. Para obter esses simulacros de corpos humanos, são ritualizados sacrificialmente o tempo, a natureza, os produtos da terra e do trabalho humano, a vida do planeta. Tudo é transformado em objeto de consumo imediato e, na seqüência, vira lixo, entulho, poluição. O corpo se transforma, aqui sim, em prisão do espírito. Fecha as portas para a consciência do mundo, para a solidariedade com o mundo, para a responsabilidade pelo coletivo do mundo.

Estetizado, *glamourizado*, malhado em academias, lipoaspirado, siliconado, esculpido, fetichizado e economicamente dispendioso, o corpo moderno dos enriquecidos ou famosos é colocado como modelo único para o mundo dos pobres. *Body building, body modification:* corpos reinventados pelo cirurgião e *personal trainer,* corpos sem fronteiras entre a realidade e a imagem. Corpos *do* e *para* o espetáculo. Corpos de fruição, fumaças do humano.

As indústrias de confecção, cosméticos, sapatos, adereços, perfumarias interessadas em capitalizar em benefício próprio o salário do trabalhador não cessam de investir em publicidade, que busca criar a necessidade de aparentar os mesmos corpos, mediante o consumo dos mesmos objetos, para as diferentes classes sociais. Há que se considerar também que vestir, calçar, perfumar, enfeitar o corpo à maneira dos ricos (mesmo que com produtos de qualidade inferior), igualaria simbolicamente ricos e pobres.

A perversidade desse processo de engodo simbólico, desse simulacro de participação e pertença, reside na distorção do real, obstacularizando a consciência das abissais diferenças que separam a vida real do pobre e a do rico. Essa é uma forma sutil e eficiente de explorar e, ao mesmo tempo, conservar o sistema que explora o corpo do pobre.

A tendência moderna que incentiva a construção do *corpo único* precisa ser entendida no contexto da tendência para a construção do *pensamento único*, cujo artífice é o capital dotado de voracidade antropofágica que se alimenta de corpos, mentes e espíritos.

O face a face do evangelho de Mateus exige a superação da inércia diante de qualquer forma de exploração do corpo. A fim de criar condições salvíficas de existência, ele preconiza e promove a ação que se concretiza na relação corpo a corpo. Por isso, a comunidade dos cristãos não pode admitir que corpos sejam vilipendiados, explorados, usados, maltratados, escravizados, mortos. Ela é convocada a interferir na ordem social, da qual os corpos são espelho, metáfora, testemunho vivo ou testemunho morto. A libertação e a vida de corpos, mentes e espíritos implica a construção da libertação perante o capital.

2.4. Boa-Notícia: uma antropologia biopsicossocial

Na antropologia jesuânica, expressa no texto de Mateus, além de valorização do corpo humano, emerge a pessoa humana como unidade biopsicossociológica, antecipando as bases para a formulação de um conceito de homem conquistado recentemente pela modernidade. Vejamos: em relação ao doente e ao prisioneiro, Jesus não diz: "Estive doente e não me curaste; estive preso e não me libertaste". Em seu tempo, como em nosso tempo, a doença é parte da vida humana.

Ontem, como hoje, muitas doenças são incuráveis ou de recuperação lenta e gradativa. É bem verdade que hoje, como ontem, muitas doenças poderiam ser evitadas ou superadas, não fora o sistema de alimentação, saneamento e saúde pública excludente. Essas críticas, Jesus as faz: fome, sede, nudez podem ser historicamente construídas por sociedades injustas.

Em seu tempo, como no nosso, muitas pessoas eram retiradas da vida social e aprisionadas. A reclusão apenas como medida de proteção ao todo social, e tão-somente como procedimento socioeducativo, nunca foi realizada. Jesus foi o exemplo vivo do preso injustamente, da vingança dos que se arrogam poder torturar. Ele, de fato, foi preso, torturado e assassinado ao abrigo da lei. Sem permitir que nos esqueçamos desses fatos, Jesus também aponta para uma outra dimensão do humano: "Estive doente e não me visitastes, estive preso e não viestes me ver".

Consideremos a primeira parte da frase: *O que é a visita ao doente?* É o restabelecimento de ações solidárias. É a dor compartilhada, o consolo, o aconchego, o carinho, o cuidado, a reverência pela fragilidade exposta, pela humilhação da dependência. É o toque entre corpos: o corpo que lava e o corpo lavado, suor enxugado, pés aquecidos, mãos que se encontram e se apertam. É a roupa trocada, os lençóis lavados, a refeição oferecida, a sopa preparada, o chá, a fruta apetitosa. É a audição sem pressa, a conversação franca, o silêncio, o repouso assistido. É a passagem da solidão à comunhão.

Humaniza-se o visitador que reconhece na fragilidade do outro a própria fragilidade e a de todos os viventes. Humaniza-se o visitador que consegue vencer seu próprio medo e a repugnância por odores, excrementos, gritos, deformidades. É oportunidade de reflexão sobre o sentido, o fim e a finalidade da vida, a fugacidade dos bens materiais, a transitoriedade dos corpos. Humaniza-se o doente aceito, respeitado, aliviado, reintegrado, valorizado em sua dor.

Na segunda parte da frase, *qual a implicação de ver o presidiário?* Em primeiro lugar, o encontrar-se face a face. É a descoberta do rosto do preso: seus olhos, dentição, pele, cabelos, cor, idade, classe social. É abrir portas fechadas e penetrar no universo da dor e da fragilidade humana, buscando conhecer a natureza do delito cometido, bem como as circunstâncias em que foi praticado. É indagar e buscar conhecer o sistema jurídico e penal. É ver em quais condições materiais, físicas, corporais, psicológicas, societárias, educacionais vivem os prisioneiros. É saber quais são suas esperanças e as esperanças ou desesperanças que a sociedade lhes acena. É questionar como a sociedade e nós mesmos que somos dela partícipes e cidadãos articula prisão, sofrimento, reclusão, vingança, castigo, reeducação, tortura, reinserção. No *ver* o prisioneiro adulto, adolescente e criança, homem e mulher, com certeza se *verá* desnuda a sociedade. Já é clássica, entre nós, a tríade *ver, julgar e agir.* Nesse caso, todos somos réus e a ninguém é dado se furtar de algum tipo de ação.

Na exigência da visitação ao doente e ao preso a antropologia de Jesus inclui a corporeidade, a subjetividade, a sensibilidade, os sentimentos, as emoções, a criatividade, a iniciativa, as relações interpessoais, as formações sociais, a ordem econômica e política. "No mundo de hoje há muitas formas de pobreza. Realmente, certas carências ou privações não merecem porventura esse qualificativo?"[7] O desamparo e o abandono, certamente, são algumas dessas formas. No recuperar e fazer viva a antropologia biopsicossocial de Jesus está a Boa-Nova, a salvação para nossos dias marcados pelo individualismo, pela egolatria, pela corpolatria, pela anomia e pela solidão em meio à indiferença que grassa principalmente nas populações urbanizadas das megalópoles.

2.5. Para um Ano da Graça

O texto da comunidade mateana ajuda a esclarecer o conteúdo de um outro discurso de Jesus, o *Discurso Programático*, que se encontra em Lucas 4,16-21:

> *Ele foi a Nazara, onde fora criado, e segundo seu costume, entrou em dia de sábado na sinagoga e levantou-se para ler. Foi-lhe entregue o livro do profeta Isaías: abrindo-o encontrou o lugar onde está escrito:*
>
> *"O Espírito do Senhor está sobre mim, porque ele me ungiu para evangelizar os pobres; enviou-me para proclamar a remissão aos presos e aos cegos a recuperação da vista, para restituir a liberdade aos oprimidos e para proclamar um ano de graça do Senhor".*
>
> *Enrolou o livro, entregou-o ao servente e sentou-se. Todos na sinagoga olhavam-no atentos. Então começou a dizer:*
>
> *"Hoje realizou-se essa Escritura que acabastes de ouvir".*

Eis aí um evangelho para os pobres: é chegado o "Ano da Graça". Que Boa-Notícia para os que, no tempo de Jesus, por força do sistema político-econômico, endividaram-se ou foram feitos escravos por um pouco de comida, vestimentas, abrigo e trabalho para si e para os de sua casa! Para com eles não houve compaixão. Os que podiam não se ofereceram para suprir suas carências. Mas, pelo Espírito do Senhor, um Ano Novo, Ano Santo, Ano da Graça, um ano de reintegração das propriedades, de resgate dos corpos alienados, um ano de libertação dos israelitas escravizados e de todos os moradores da terra; um ano das dívidas automaticamente perdoadas, das trocas econômicas regulamentadas por princípios éticos, é proclamado por Jesus.

O Ano da Graça é o ano da refundação do mundo pela reestruturação das relações sociais fundadas na solidariedade que abomina a usura, na ética que condena a exploração, nas bênçãos de Deus a fim de que os homens habitem a terra em segurança e vivam em fartura (Lv 25).

Aqui se coloca um grande desafio a ser enfrentado pelos nossos desejos de bem-estar social fundado na solidariedade: não perder nunca a dimensão do desejo, mesmo sabendo que ele não se realizará em plenitude. Na ordem econômica, política, societária, as causalidades, as relações,

---

[7] João Paulo II, *Sollicitudo Rei Socialis,* cit., p. 26.

as interferências são por demais complexas e dificilmente poderiam ser totalmente controladas.

Na complexidade do mundo contemporâneo, ações espontâneas individuais ou grupais já não bastam. A solidariedade precisa encarnar-se em políticas econômicas e princípios sociais viáveis que busquem, nos limites de nossa condição humana e nas possibilidades oferecidas pelo real, garantir a produção e a distribuição de bens e serviços para a ampla maioria da população. A plenitude da vivência de uma sociedade toda ela solidária, justa e fraterna é o horizonte que nos chama, o critério que nos julga, o sonho que nos anima, a meta que nos imanta. Contudo, há sempre que se reconhecer os limites entre os desejos e suas concretizações. Saber dos limites pessoais e sociais não é fator de desânimo, ao contrário, é condição para evitarmos possíveis frustrações que possam conduzir a uma apatia social.

A humanização da qual fala a antropologia teológica demanda, pois, assumirmos que o Ano da Graça que Jesus nos trouxe já despontou em nossos horizontes de sentido, mas, como meta a ser alcançada, ainda não se realizou totalmente em nossos tempos. É mensagem que nos encoraja para o futuro que está em aberto. Por isso, o *anthropos* é o sensível ao outro, o solidário, corajoso, criativo, instaurador do futuro. Nessa ação criadora de uma nova ordem social, uma nova sensibilidade, uma nova ação, um novo mundo, o homem perante os homens e com os homens autoconstrói-se *cristão*: caminhante do Caminho de Jesus Cristo, pela força do Espírito — hálito vivificante de Deus.

Como se vê, a antropologia teológica, ao falar do *anthropos*, contempla a totalidade de suas dimensões, dentre as quais: historicidade, corporeidade, sensibilidade, criatividade, racionalidade, produtividade, relacionalidade, ética, espiritualidade. Não uma sem as outras. Porque voltada para a salvação, que só pode ser da totalidade humana e da história como totalidade, busca a superação dos conflitos criados artificialmente entre Imanência e Transcedência. É na historicidade terrena da ação "perante o outro" que o homem transcende a si mesmo, liberta-se na ação libertária, acolhe e manifesta o Transcedente.

A urgência histórica da compreensão do humano é explicitada no trecho introdutório da Constituição Pastoral *Gaudium et Spes,* na qual o eixo central é a pessoa humana a ser salva na unidade e totalidade de seu ser: corpo e alma, coração e consciência, inteligência e vontade. Pessoa que é singular, mas Pessoa coletiva, o *gênero humano*, que produz e vive a história percebida nas suas dimensões econômicas, políticas, societárias, morais, existenciais, espirituais:

> As alegrias e as esperanças, as tristezas e as angústias do homem de hoje, sobretudo dos pobres e de todos os que sofrem, são também as alegrias e as esperanças, as tristezas e as angústias dos discípulos de Cristo. Não se encontra nada verdadeiramente humano que não lhes ressoe no coração.

A necessidade de uma antropologia teológica se deduz da necessidade de uma leitura comprometida dessa história, da acolhida das interrogativas profundas que dela brotam, sobretudo da necessidade, cada vez mais urgente, de incentivar e fundamentar ações comunitárias salvadoras. É o que chamamos de leitura dos "sinais dos tempos": a leitura e interpretação responsável por todos os movimentos e ações históricas de libertação e humanização que o Espírito de Deus suscita na história humana.

> *Para desempenhar tal missão, a mesma Constituição Pastoral afirma: a Igreja, a todo momento, tem o dever de perscrutar os sinais dos tempos e interpretá-los à luz do Evangelho, de tal modo que possa responder, de maneira adaptada a cada geração, às interrogações eternas sobre o significado da vida presente e futura e de suas relações mútuas. É necessário, por conseguinte, conhecer e entender o mundo no qual vivemos, suas esperanças, suas aspirações e sua índole freqüentemente dramática.*

3. ONDE FALA O ESPÍRITO

3.1. A palavra é da comunidade, na qual o Espírito fala e é ouvido

Nós, mulheres e homens, somos essencialmente seres comunitários. A maioria de nós foi gerada e nasceu em uma comunidade, a família. Muitos, desde sua concepção, infelizmente não tiveram essa chance. Gestantes abandonadas, pais e mães abandonados, crianças abandonadas sinalizam, dolorosamente, o quanto ainda estamos distantes do seguimento de Jesus. Aqueles nascidos ou criados em uma família biológica, em uma família ampliada, ou incorporados a uma família acolhedora, nela tiveram a oportunidade de estabelecer seus primeiros afetos, vínculos, relações. Nas famílias iniciaram seus processos de formação e informação para a vida. Os que entre nós puderam freqüentar escolas, participando de uma comunidade educativa, nela puderam ampliar suas relações, aprender e aprofundar conhecimentos. Em algumas escolas, uma minoria entre os nossos estudantes pode ser beneficiada com uma formação integral.

Nesse caso, além da preparação para novos níveis de escolarização ou da profissionalização necessária, as crianças e os jovens tiveram contato ou se lhes foram reavivados e confirmados valores e princípios éticos. Trabalhamos, quando esse bem não nos é negado, em comunidades: escritórios, associações, empresas etc. Divertimo-nos em comunidade: refeições entre amigos, bate-papos, esportes, festas. Alguns de nós têm a felicidade de envelhecer na comunidade familiar que construíram. No curso de nossas vidas podemos livremente ingressar e participar de uma comunidade de fé, a comunidade religiosa.

A comunidade de fé é lugar privilegiado de formação e de vivência da consciência de si, da consciência do mundo, da consciência perante Deus. Por isso é que, vivendo em comunidade, os cristãos vão processualmente descobrindo não apenas como de fato são, *como de fato é* o mundo, ou seja, a *realidade objetiva*, mas, sobretudo, como cada um, a vida e o mundo *deveriam ser*. Abre-se aqui a possibilidade para o aperfeiçoamento da consciência ética que aponta para a *realidade desejável*. A comparação valorativa entre o que de fato é e o que deve ser instala o desconforto, a inconformidade perante o real.

Essa situação conflitiva é o espaço que permite a gestação — pessoal e comunitária — dos sonhos e das utopias, dos desejos de superação do real que impulsionam a construção histórica de parcelas ou sinais do mundo ideal. O futuro não mais se apresenta como já dado, estabelecido, diante do qual nada há a fazer, ou como um vazio de incertezas. Assume-se que o futuro pode ser reinventado, arduamente construído pelo trabalho das comunidades. Na vivência desse processo que objetiva trazer o novo, essas comunidades fazem uma experiência significativa de transcendência, localizada na passagem sempre presente, contudo, jamais totalmente superada, do *já agora* para o *ainda não.*

O pensamento utópico, concretizado em ações voltadas para a transformação social, é criador de condições para o desabrochar *do que deveria ser.* Ele se constitui uma nova episteme, um novo modo de conhecer, um novo paradigma, uma nova maneira de estar no mundo perante Deus.

Na vida das comunidades, em suas relações internas, simultâneas e coerentes com a cidade e com o mundo, os ensinamentos e os conceitos antropológico-cristãos fazem-se vida com base na doutrina. Ou seja, a comunidade de fé comprometida com o mundo é por excelência o lugar da encarnação e realização dos princípios que definem e qualificam o ser humano.

A autoridade e a eficácia da palavra da comunidade cristã chamada à interlocução é dada, não pela sua retórica ou pelo refinamento da arte da argumentação, mas somente pelo testemunho da solidariedade ativa diante de todo o sofrimento e de toda a alegria do mundo.

O discurso da comunidade sobre a história e o Deus da história só pode ser o discurso da ação que inclui os despossuídos da história: os sem-terra, sem-trabalho, sem-teto, sem-alimento, sem-transporte, sem-medicamentos, sem-escola, sem-família, sem-respeito, sem-afeto, sem-amigos, sem-esperança. Assim, a comunidade diz a sua palavra quando sai de si mesma e participa das lutas sociais pela vida do homem, da cidade, dos povos e das nações. A ação includente é o critério de verificabilidade da autenticidade do discurso cristão proferido pela comunidade.

Por tudo isso, é preciso conhecer cada vez mais e melhor o homem e o mundo. A atividade de conhecer se traduz em resposta concreta para orientar a atividade prática, a fim de que a ação triunfe sobre as circunstâncias.

4. NO CONCERTO DAS VOZES

Do conjunto de tantas falas ressurge com vitalidade nova um conceito já conhecido, amplamente utilizado, mas agora enriquecido. Trata-se do conceito de Pessoa. O *anthropos* compreendido em sua dignidade, porque realizado como Pessoa.

Quando a antropologia teológica afirma que a reta compreensão do ser humano se faz no seu entendimento como Pessoa, ela recolhe e sistematiza os elementos que até agora trabalhamos juntos.

- Reconhece que *a Pessoa se constrói* descobrindo a própria identidade. Afirma que a identidade pessoal nasce da articulação da consciência de si com a consciência da presença do outro, dos outros, da natureza, do mundo.

- *O cristão* é aquele que conscientemente *se constrói como Pessoa,* colocando-se também perante Deus que é Trindade: Pai, Filho, Espírito.

- É nessa articulação que se processam as decisões fundamentais da Pessoa, aquelas que orientarão sua vida na responsabilidade livre e consciente, assumida pelas interpelações que brotam das profundezas de seu ser, dos seres, do mundo, de Deus.

- Pessoa: autocentração, descentração, relação, imanência e transcedência, reflexão e ação compartilhada, sempre fiel ao compromisso consigo mesma, com as outras pessoas, com o mundo, em Deus. Compromisso vivido comunitariamente no cuidado, no serviço, na gratuidade, no respeito à alteridade, na construção de um futuro qualitativamente melhor.

A realização do humano, que consiste em sua construção livre como Pessoa, acontece em um processo exigente e, portanto, nem sempre fácil. Muito há que ser vencido, muitas lutas serão travadas, desânimos e recomeços serão freqüentes. Nessas lutas, nenhum ser humano está só. A comunidade, se de fato cristã, é arrimo e força. Não apenas a comunidade está com ele. Pela graça, Deus está nele. É o apóstolo Paulo quem afirma: "Não sabeis que sois um templo de Deus e que o Espírito de Deus habita em vós?" (1Cor 3,16).

Resumindo

Nós, os viventes, temos consciência do fato de que, por nossa origem, somos filhos de Deus, irmãos dos homens, companheiros de todos os elementos e seres do universo criado.

Realizamo-nos como profetas e habitações históricas de Deus à medida que assumimos e vivemos comunitariamente a bênção de nossa vocação: construirmo-nos como trabalhadores solidários e criativos, empenhados na guarda da obra do Pai.

Inspirada no Filho, a antropologia teológica propõe ao mundo moderno uma concepção abrangente e dinâmica a respeito do ser humano. Resgata a totalidade de suas dimensões constitutivas que são vividas e se realizam na história coletiva: corporeidade, objetividade, subjetividade, sensibilidade, criatividade, racionalidade, produtividade, relacionalidade, ética, espiritualidade.

A antropologia teológica anuncia uma Boa-Notícia: pela vivência da solidariedade sensível e criativa é possível que, cada vez mais, cada um e todos os humanos tenhamos alargadas as oportunidades de viver positivamente essas dimensões. A solidariedade é a salvação histórica da comunidade humana e o caminho para a salvação em Deus.

A presença viva do pobre, como indivíduo ou multidão, é a presença de Jesus oferecendo a chave de interpretação para o julgamento humano e divino sobre as relações interpessoais, econômicas, sociais e políticas historicamente criadas pelos homens.

Somos essencialmente comunitários: família, educação, lazer, amizades, trabalho, política, fé. O Espírito de Deus fala às comunidades. As comunidades são lugar de formação e realização do ser humano como Pessoa consciente de si, do mundo e de Deus. Por isso são chamadas ao diálogo interno e ao diálogo com o mundo. Esse diálogo se realiza na ação comprometida.

A autoridade da palavra das comunidades está fundada no testemunho, na solidariedade ativa diante de todo o sofrimento e de toda a alegria do mundo. Nas comunidades, o futuro pode ser reinventado na passagem sempre presente do já agora para o ainda não. As comunidades são sementeiras do futuro.

Articulando conhecimento e vida

Propomos três atividades por meio das quais você e sua comunidade poderão realizar experiências de "ver" e "ouvir" a humanidade.

1. Procurem encontrar, ver e ouvir, com cuidado cada vez mais acurado, o que as pessoas nas diferentes situações colocadas pelo evangelho de Mateus, anteriormente citado, têm a mostrar e a dizer. Seria muito bom que tudo isso fosse anotado, partilhado e refletido em conjunto.

2. Procurem recolher, formar e organizar uma pasta de recortes de jornais, revistas, trechos de livros que mostrem e comentem vários aspectos do mundo moderno: suas conquistas, progressos, carências, potencialidades, defasagens. Dessa forma, nossa interlocução irá se ampliar. Uma vez que estaremos abrindo espaço para o mundo falar e, portanto, participar.

3. Busquem selecionar textos das Escrituras, do Magistério da Igreja, das experiências de outras comunidades religiosas, de outras confissões religiosas que incentivem, apontem e iluminem os muitos caminhos e modos de serviço à vida.

Bibliografia

É sempre de grande valia a leitura de duas encíclicas de João Paulo II:

Laborem Exercens, Carta Encíclica sobre o Trabalho Humano.

Sollicitudo Rei Socialis, Carta Encíclica sobre a Solicitude Social.

Capítulo terceiro

A PALAVRA SE DESDOBRA E COMUNICA BOA-NOTÍCIA

1. O SIMBÓLICO E O IMAGINÁRIO RELIGIOSO

Se à noite pararmos um pouco, para tentarmos lembrar do que se ocuparam durante o dia os nossos pensamentos, poderemos com certeza verificar quantas vezes pensamos sobre nós mesmos. Na ocasião, poderemos também rever com a imaginação e fazer presente para nós mesmos ações que anteriormente executamos. Talvez percebamos como e quantas vezes projetamos formas futuras de atuação. Também somos capazes de reproduzir rostos e conversas que tivemos pela manhã ou em dias anteriores.

Ao trazermos mentalmente o passado para o presente e visualisarmos o futuro, buscamos razões, sentidos e significados para essas realidades, ou seja, interpretamos nossas vidas e seus acontecimentos. Quando dessa forma revemos o passado e antevemos o futuro, trazemos mentalmente para perto o que está fisicamente distante, usando, para tanto, nossa capacidade de pensar articulada à nossa imaginação; podemos chamar esses procedimentos de "imaginário", ou seja, imagens mentalmente construídas.

Essas imagens mentais que construímos são sempre aproximativas, isto é, são próximas, mas não esgotam a realidade. Além do que, sendo as imagens mentais sempre interpretativas, elas não são, conseqüentemente, a reprodução exata dela, e sim são seletivas e intencionais quanto à nossa realidade e a realidade que nos circunda.

É também por meio do imaginário que temos acesso a realidades que não vemos, por exemplo: as realidades sobrenaturais existentes. Pelo imaginário podemos também criar o que ainda não existe. Nosso imaginário é também povoado por fantasias que nos permitem sonhar acordados, criar seres e situações inexistentes, fazer poesias, contar e escrever histórias ou romances. As utopias, o sonho por um mundo melhor, a descrição aproximada de como seria o mundo por nós desejado pertencem ao âmbito do imaginário. É por isso que nossas esperanças de futuro brotam da nossa capacidade de imaginar como seria o melhor. Elas alavancam nossas ações no sentido de buscar realizar aquilo que, desejando, imaginamos.

Esse processo vivido no plano individual também acontece no plano coletivo, ou seja, também os grupos e os povos pensam-se, imaginam a si mesmos e aos outros grupos ou povos. Quando existem pontos em comum entre os imaginários individuais, estamos diante do "imaginário coletivo". Por exemplo: cada brasileiro e os brasileiros imaginam-se como sendo um povo sem preconceitos em relação a outros povos.

A antropologia teológica, ao buscar conhecer o homem, não pode passar ao largo do conjunto dessas interpretações, conhecimentos e explicações que o próprio homem, na cultura e no tempo, elabora a respeito de si mesmo e dos demais. Ela se interessa pelo imaginário individual e coletivo, até porque as religiões são simultaneamente depositárias, matrizes e comunicadoras desses conjuntos. Isso acontece à medida que as religiões recolhem e oferecem imagens, sentidos, significados e orientações para a vida e seus acontecimentos. É uma das muitas formações sociais pelas quais se expressa e visibiliza o imaginário que, como vimos, a seu modo, reproduz, significa e orienta as ações humanas.

Vocês já observaram que quando nós pensamos e nos comunicamos o fazemos por meio de imagens, palavras e símbolos?

Os símbolos têm o poder de nos lembrar fatos já acontecidos, conservar a memória de acontecimentos históricos, trazer presente realidades distantes no tempo e no espaço, projetar o futuro, reunir o que está disperso, organizar o que aparentemente está desconectado, estabelecer relações. Atuando na imaginação, o símbolo nos permite experienciar algo que, no momento, não está próximo ou não é visível. Dessa forma, ao pensarmos e falarmos de realidades invisíveis como são as realidades espirituais, o fazemos por meio de elementos simbólicos. Por tudo isso, se diz que o símbolo evoca, presentifica, faz memória, reúne, relaciona, significa e comunica algo que é maior, mais abrangente que sua realidade material visível e imediata.

Alguns exemplos podem nos ajudar a concretizar isso a que estamos nos referindo. Vejamos: a água é um objeto natural, visível e identificável pelo paladar. Sem deixar de ser água, ela pode ser transformada e significada pela imaginação como elemento que simboliza a purificação. O incenso é um produto fabricado pelos homens, visto e percebido pelo olfato; na maior parte das culturas, significa purificação, elevação do espírito humano na direção de realidades sobrenaturais, reverência e adoração.

Até o tempo, com suas noites e dias, semanas e meses, pode ser transformado pela imaginação criadora do homem em elemento simbólico. Por exemplo, o ocaso, que acontece entre nós por volta das 6 horas da tarde. Nas igrejas, em muitas casas de famílias católicas, em estações de rádio e televisão católicas, esta hora ganha um diferencial em relação às demais horas do dia: é a hora da ave-maria. Dezembro é para os cristãos em geral o tempo sagrado do Advento e do Natal; para os muçulmanos, o mês de

Ramadã é tempo de reflexão e práticas de jejum e oração; *Pesah* (Páscoa) é um tempo forte para os judeus, no qual se faz a memória da libertação do povo de Israel. Dessa forma, as águas de rios, mares, fontes, os astros, animais, caminhos e estradas, lugares e cidades (Roma, Meca, Jerusalém), pessoas, objetos, gestos (abraços, prostração, mãos estendidas), vestuários, alimentos podem ser constituídos em elementos simbólicos.

Os símbolos são muito importantes porque abrangem, tocam e se dirigem a todas as dimensões constitutivas do homem: falam à sua razão, às emoções, à sensibilidade, à corporeidade, à criatividade, à imaginação. Pela *linguagem simbólica* os homens, em suas diferentes culturas, expressam, manifestam e comunicam as formas pelas quais interpretam e lidam com seus medos, suas alegrias, seus anseios, suas satisfações, seus desejos, suas compreensões de mundo e da vida, suas relações sociais e com a natureza. O viver, o pensar, o comunicar da fé se faz por meio da articulação de várias linguagens simbólicas: linguagem-palavra presente nos discursos regrados da ciência teológica, na linguagem narrativa e poética; linguagem-imagem, linguagem-gesto, linguagem-música, linguagem-silêncio...

A linguagem simbólica diz, pois, da objetividade e subjetividade humana. Por tudo isso, na raiz antropológica das religiões estão a expressão e a vivência simbólicas. O acesso, ainda que tangencial ao imaginário religioso, é possibilitado, entre outros procedimentos, pela identificação de suas manifestações expressas em várias linguagens e encontradas em:

- construções de espaços sagrados oficiais, institucionais ou domésticos;
- eleição e ordenação de tempos sagrados;
- musicalidade;
- poesias;
- pinturas;
- esculturas;
- gestos;
- objetos sacros;
- rituais;
- práticas sociais, políticas, econômicas, culturais que fundamentam, incentivam, ordenam ou coíbem comportamentos individuais e coletivos, privados ou públicos;
- tradições orais preservadas cuidadosamente na memória dos povos e tradições escritas consignadas em Livros Sagrados reverenciados pelos fiéis. Nessas tradições, encontram-se as narrativas mitológicas, que, dotadas de racionalidade própria, fundam, ordenam, orientam, normatizam, *re*-significam o mundo e os comportamentos.

Nessas tradições, estão os relatos de acontecimentos históricos interpretados e significados; provérbios; orações; cânticos; ensinamentos práticos para a vida cotidiana; códigos e leis que regem comportamentos pessoais e grupais; lamentações; profeciais; regras para os cultos e liturgias; comentários; doutrinas antigas ou firmadas mais recentemente pelo corpo de especialistas religiosos a fim de garantir os princípios básicos da fé e a unidade entre as diferentes expressões daquela religião, bem como promover sua atualização e expansão.

A expressão do imaginário religioso não é restrita às produções de caráter especificamente religioso. Ao contrário, espraia-se pelos cancioneiros populares, pela literatura, pelo artesanato, por edificações, legislações, pela educação formal e informal das novas gerações e hábitos e costumes dos povos.

Eis porque, entre os muitos caminhos que possibilitam aproximações para o estudo da autocompreensão dos cristãos articulada às suas práticas, escolhemos trabalhar neste capítulo *o imaginário expresso nos elementos simbólicos*. Optamos, assim, por introduzir a compreensão das práticas cristãs, das quais emerge o *anthropos* que se diz e constrói cristão, mediante o recurso ao estudo de algumas das formas pelas quais ele se apropria, reflete, conserva e significa as matrizes e os ensinamentos fundantes de sua fé.

Com isso, evidentemente não reduzimos a vivência da fé aos sistemas simbólicos. Acreditamos que eles são expressões de uma fé cujo lugar privilegiado de verificação de autenticidade está na orientação, na prática, na ação social solidária em favor dos excluídos. É na ação que os cristãos se testemunham como tais, como Pessoas. É a partir da ação que qualquer palavra que os cristãos proferirem, quaisquer rituais de que participarem poderão ou não se densificar, fazerem-se verdade, liturgia, expressar autoridade. É a prática solidária e comprometida com a causa do Reino que permite que seus gestos se configurem como *gesta*, ação criadora movida pelo Espírito, que introduz na história o novo desejável e necessário.

Que me importam os vossos inúmeros sacrifícios? — diz Iahweh.
Estou farto de holocaustos de carneiros e de gordura de bezerros cevados.
Basta de trazer-me oferendas vãs; elas são para mim um incenso abominável.
Lua nova, sábado e assembléia, não posso suportar iniqüidade e solenidade!
As vossas mãos estão cheias de sangue: Lavai-vos, purificai-vos! Cessai de praticar o mal! Aprendei a fazer o bem! Buscai o direito, corrigi o opressor! Fazei justiça ao órfão, defendei a causa da viúva! (Is 1,11-13; 15-17; cf. Am 5,21s).

1.1. Linguagens da fé

Entendemos que a teologia — como discurso sistemático, rigoroso, que exprime o conhecimento da fé — não é a única forma ou linguagem de expressão da fé. É insubstituível conforme possibilita a abstração, a construção e a reflexão sobre conceitos como justiça, liberdade, legitimidade, salvação, felicidade, Aliança, Reino etc.; a organização lógica do pensamento; o inferir decorrências; a criticidade; a teorização, a inteligibilidade da fé. Entretanto, linguagem teológica pode ser tanto a do discurso, da doutrina e da teoria como também a linguagem simbólica tal como vimos. Uma não exclui, mas se completa com a outra.

A antropologia teológica encontra na produção e na vivência simbólica terreno fecundo, porém, ainda não suficientemente trabalhado para a compreensão das manifestações históricas da presença vivificante do Espírito nas mentes e ações humanas.

Por meio da produção e da vivência simbólica, que simultaneamente aproximam e remetem em direção ao Transcendente, a pessoa religiosa pode expressar sua fé. Em primeiro lugar porque é próprio do simbólico a religação, a "re-união" de realidades aparentemente desconectadas ou distanciadas: o natural ao sobrenatural, o céu à terra, a razão à emoção, o corpo à alma, os homens entre si e em relação à natureza, ao passado, ao presente e ao futuro. O simbólico tem a faculdade de possibilitar a reconstrução memorial, afetiva, mental, práxica da unidade por vezes esquecida; de expressar singularidades na totalidade; de refazer em dinamismo a harmonia perdida. Assim, o simbólico religa, e o *religare* é uma das matrizes etmológicas da palavra *religião*.

Ao promover a religação, também encontramos no simbólico a potencialidade de expressão de sentido e significação, donde o *relegere,* outra raiz etimológica de religião, pode ser compreendido como "re-leitura", ou seja, operação mental interpretativa e valorativa das realidades. Tomemos, como exemplo, a cruz, símbolo comum aos cristãos. Pode ser ela composta de dois retângulos superpostos executados em madeira, metal fundido, mármore, argila etc. Pode ser desenhada a lápis ou a óleo em tecidos, papéis, vidros etc. Pode ser um gesto traçado sobre o próprio corpo, em outros corpos ou no ar. Não importa.

Para os cristãos que a contemplam, que entram *juntos* no *templum* da *ação* do Cruxificado-Ressuscitado, ela sempre ligará o céu e a terra; mediante os quatro pontos cardeais do universo interligados, apontará para a centralização cósmica no Cristo. Com base na cruz, o cristão só compreenderá a humanidade como religação de todos os homens; aos homens religados, irá integrá-los ao Cristo, pela força unificadora do Espírito. A cruz relembra o passado histórico do povo de Deus, faz a memória da vida de Jesus, fala de seu sacrifício redentor. A cruz julga o presente e aponta para o futuro. Diz da história. Articula vida, morte e ressurreição. Congrega na luta, nas derrotas, nas vitórias, na dor e na alegria. Da dispersão caótica dos elementos instaura o cosmo, que permite a vida.

Já pudemos perceber como o simbólico tem a faculdade de manifestar, articular, atingir todas as dimensões constitutivas do ser humano. Somos seres racionais; contudo, como vimos, a razão científica e conceitual não esgota nossa capacidade de intelecção e dicção. Em nós se apresenta em dinamismo, ao lado do *logos* (razão), o *eros* (vida e paixão), o *pathos* (afetividade e sensibilidade) e o *daimon* (voz que brota da interioridade de cada ser humano). Somos corpo vivo, *soma,* dotado de sentidos que conhecem e expressam a si e ao mundo em uma riquíssima linguagem própria. O corpo, ele mesmo, é uma linguagem em si, comunicação permanente numa simultaneidade receptiva e informativa. É *locus* de comunhão e, dessa forma, depositário do Sagrado. Na linguagem simbólica, essa riqueza do humano não está apenas preservada, mas é sempre convocada a novas articulações. Voltemos a alguns exemplos de suas inúmeras possibilidades:

- a visão e o cheiro do incenso que perfumando, purifica o ar;
- o arquétipo do fogo novo lembrando a possibilidade de restauração;
- a luz e as trevas dizendo do Bem e do Mal;
- os sinos que dobram por finados ou vibram proclamando alegria;
- as vozes que louvam, lamentam, suplicam ou agradecem;
- o jejum ou a mesa que irmanam;
- o vinho generoso e o pão repartido na solidariedade;
- a noiva de branco, que radiosa entra no templo ao som da Marcha Nupcial, para a entrega mútua na fundação de uma nova família;
- mãos dadas nas orações comunitárias;
- abraços de reconciliação;
- beijos e saudações que reforçam laços.

São cores, objetos, sons, gestos, cheiros que a seu modo possibilitam a abstração e a reconstrução imagética do real, a figuração dos desejos a serem realizados, as recordações a serem preservadas, as alegrias e dores a serem significadas e assim dirigem-se, expressam e atingem o coração do homem. Portanto, falam e dizem da razão, percepção, imaginação, memória, criatividade, sensibilidade, corporeidade, das sensações, emoções e relações humanas.

1.2. A natureza como linguagem

Para o homem religioso, os elementos da natureza simbolizam a presença e a glória de Deus Criador. Para a mística judaico-cristã, Deus fala por meio da natureza e das relações vitalizantes do ser humano. Santo Agostinho, reconhecendo-se ferido no coração com a Palavra de Deus que provoca o amor, perguntava à terra, ao mar, aos abismos, aos ventos, ao ar, ao céu, à lua, às estrelas, aos répteis, aos pássaros, aos mamíferos se eram deuses. Todos disseram que não eram deuses. Disse-lhes, então, Agostinho:

> Já que não sois o meu Deus, falai-me do meu Deus,
> dizei-me ao menos alguma coisa d'Ele.
> E exclamaram com alarido: "Foi Ele quem nos criou".
> A minha pergunta consistia em contemplá-las; a sua resposta era a beleza.

Com a natureza — símbolo vivo do Criador, linguagem comunicante de Deus —, podemos apreender valores susbstanciais acerca de Deus e dos homens. É ela uma verdadeira aula de teologia e conseqüentemente de antropologia. Com ela podemos aprender a nos situar no cosmo criado, pois nos dá as dimensões da pequenez: os prótons, nêutrons, elétrons; e da grandeza: a Via Láctea, localizada em um superaglomerado de galáxias, é vizinha de pelo menos mais 40.000 galáxias, formada, apenas ela, por 100 a 200 bilhões de estrelas, entre as quais está o sol; também do número: descobrindo e apreciando sem pestanejar a multidão alucinante de elementos materiais ou vivos envolvidos na menor transformação do universo; de proporção; de qualidade; de velocidade e de movimento apontando para os grandes desenvolvimentos que se ocultam nas maiores lentidões, o extremo dinamismo que se dissimula sob o véu do repouso; o sentido do tempo (universo conhecido cuja origem se situa entre 10 e 15 bilhões de anos); da permanência e da impermanência; das ligações e da extrema solidariedade e unidade estrutural da qual brotam as sucessões, as coletividades, as diferenciações.[1]

A natureza, *profeta de Deus*, nos ensina sobre a naturalidade dos ciclos dos nascimentos, crescimentos, maturações, envelhecimentos e mortes. Os furacões, os maremotos, as tempestades, as calmarias nos falam dos limites do poder e da ação humana, da provisoriedade da vida, que, apesar de tudo, e por isso mesmo, continua. Aprendemos muito sobre continuidades e descontinuidades, permanências e mutações que impregnam o milagre da vida. Reencontramos a serenidade perdida na pressa e nos imediatismos. Contactamos de modo novo a paz que não é alheia aos turbilhões. Identificamos nossa força e aceitamos renovados nossas impotências. Somos lembrados da dimensão cósmica de cada uma das manifestações da vida. Percebemo-nos parte da natureza, e nós mesmos, natureza. Abrimos horizontes de reflexão e ação para a incrível solidariedade ecossistêmica, na qual temos parte responsável. Vislumbramos maravilhados a unidade que a todo o tempo nasce da pluralidade e da diversidade. Com-

---

[1] Sobre esse assunto, cf. CHARDIN, Teilhard de. *O fenômeno humano;* FREI BETO. *A obra do artista;* uma visão holística do universo. São Paulo, Ática, 1995.

preendemos com maior profundidade que meios, fim e finalidade não são idênticos. Somos repreendidos por Deus, através da voz profética da natureza, quando a desrespeitamos, depedramos, exploramos, fazendo dela objeto inerte para o consumismo, esquecendo-nos de que ela mesma é ser vivo, tal como nós, humanos. Somente reconciliados com a natureza podemos ouvir o "Cântico das criaturas", que é nosso cântico também, sobre a glória de Deus.

Nessa mesma linha do magnífico Salmo 104, o *Catecismo da Igreja Católica* (n. 1147) ensina que:

> *Deus fala através da criação visível. O cosmo material se apresenta à inteligência do homem para que ele leia os traços de seu Criador. A luz e a noite, o vento e o fogo, a água e a terra, a árvore e os frutos falam de Deus, simbolizam sua grandeza e sua proximidade.*

Sendo assim, as diferentes religiões, ouvindo na natureza a voz de Deus que fala a todos os homens nas diferentes culturas, elegem como elementos simbólicos hierofanias que apontam e mostram o Sagrado.

2. NO SIMBÓLICO, A EXPRESSÃO DE RELIGIOSIDADE

Por tudo isso, podemos afirmar que a tangibilidade dos símbolos, e entre eles os elementos da natureza, composta de matéria e forma, não se esgota na auto-referência, mas é remetente, transcendente, apontando para uma realidade mais profunda, sempre maior. Vejamos: quase todos nós conhecemos o "anel de tucum". Aquele anel preto feito de casca de coco que alguns cristãos usam. Ele é um símbolo: significa que aquela pessoa pertence a um grupo que tem um compromisso muito sério com a luta contra a pobreza e a opressão. Ele comunica para os outros quais são os valores de quem o usa. Nesse sentido, esse anel confere identidade social ao seu portador e, ao mesmo tempo, relembra para quem o usa quais as implicações do compromisso assumido. O símbolo faz pensar, e usá-lo implica conseqüências práticas. Quem usa uma medalha ou uma cruz na corrente que traz ao pescoço está afirmando para si mesmo e para os outros quais são suas convicções religiosas, quais são seus compromissos e suas fidelidades. O mesmo acontece com a aliança de casamento. Ela diz para as pessoas que as usam e para o todo social qual é não apenas o estado civil, mas sobretudo, quais são os compromissos e a forma de vida que seu portador escolheu.

Fundado na materialidade perceptível do que é, no que está, no já dado, o simbólico visibiliza e comunica para o homem o real invisível, o ausente/presente que, anunciado, é convocado e se presentifica. Por isso é que o simbólico, ao evocar e convocar, simultaneamente, vocaciona, isto é, chama, apela, orienta, propõe caminhos grávidos de significado.

Não é sem razão que os objetos, expressões e gestos simbólicos são carinhosamente preservados pelos povos. Na pujança da cultura brasileira integram as práticas das diversas religiões. São elementos de expansão dos espaços sagrados, pois permitem à sacralidade extrapolar as dimensões arquitetônicas dos templos e igrejas oficiais. São criadores de espaços sagrados domésticos que permitem ao povo exercer funções altamente sacralizadas e sacralizadoras. Propiciam, na vivência simbólico-ritual da fé, o sacerdócio ampliado.

Pensemos um pouco na prática católica da caminhada das "capelinhas" entre as famílias das comunidades. A casa de família é cuidadosamente limpa e enfeitada. Vizinhos e amigos de fé são convidados. Outros amigos trazem em procissão a "capelinha" que, anteriormente, esteve em suas casas. Flores, toalhas brancas, crucifixos, imagens, quadros compõem o altar doméstico. Velas são solenemente acesas expressando o desejo da iluminação e proteção divina para os moradores da casa e seus convidados; são também uma forma de expressar a sacralidade do momento, bem como a reverência aos santos e anjos de Deus.

Construir e organizar o espaço sagrado no ambiente doméstico significa também confirmar a sacralidade da família e manifestar a presença do Sagrado vivo e pessoal nas relações entre seus membros. Nas celebrações no lar, os donos da casa ou algum amigo fazem a leitura e interpretam os textos bíblicos em sua relação com a vida, "puxam" as rezas, os terços, os cânticos. Lembram-se, criam e encaminham suas orações em intenções de conhecidos que receberam ou precisam de graças especiais. Louvam a Deus e agradecem. Recebem, testemunham e comunicam a Palavra, tornando-se missionários. Organizam-se para ações solidárias em favor de outros pobres. Partilham um cafezinho, bolos e biscoitos, oferecendo cada qual o que tem de melhor. Em uma releitura do Ap 21,3, podemos concluir: *Eis uma das moradas de Deus com os homens.*

Lembremos também da decoração de muitas das casas católicas brasileiras. De-_cor_-ação que não é mero exercício estético desprovido de significado, mas sim a ação de visibilizar por meio de arranjos, formas, cores e objetos o que se traz no _cor_-ação. Encontramos em casas simples e de classe média crucifixos, imagens, quadros, água benta, Bíblias expostas, oratórios, terços pendurados em paredes ou nas cabeceiras das camas, castiçais ou pratinhos com velas, vasos com flores diante das imagens, fotografias de pessoas da família misturadas em meio a gravuras religiosas. São pessoas cumprimentando seus santos antes de saírem e ao voltarem, fazendo suas orações em busca de saúde, paz e conforto, estendendo as mãos em sinal de bênção ou em pedidos de perdão. Porque está vivo no coração dessas famílias, o sagrado expresso simbolicamente em suas de-_cor_ações está, pois, vivo entre eles. Nessas famílias e casas está, em simplicidade refulgente, a verdadeira Beleza na plenitude bíblica da expressão, conforme encontramos em sânscrito: *Bet El Za*: o lugar em que Deus brilha, ou a casa onde Deus se manifesta. São, por isso, casas-templo, lugares de orações, habitações espontâneas de Deus.

Quando a "casa do homem" é "casa de Deus", é "casa aberta" a todos os seus filhos, à parentela, à comunidade (1Cor 16,19; Cl 4,15-16), aos outros, aos pobres: é *oikoumene,* casa para toda a humanidade, é *kath'holou,* universal. As casas pobres costumam ser assim: sempre há lugar para mais um que precisa de abrigo, alimentação, proteção e cuidados. É um colchão a mais no chão, um pouco de água no feijão, uns trocados para a condução. Contudo, não convém romancear a situação habitacional, que entre nós é dramática. No atual estado de coisas, ter casa, ser acolhido em uma casa é privilégio. Enquanto milhões de pobres vagam pelas ruas sem casa e sem travesseiro onde *descansar a cabeça,* a revista *Veja* (12-7-2000) nos conta de uma *socialite* que "ganhou" do marido três apartamentos apenas para "abrigar" (*sic*) sua imensa coleção de roupas.

Retomando: a antropologia teológica vê na "casa" uma realidade simbó-lica. É um conjunto arquitetônico fabricado com materiais diversos para abrigo e proteção do sujeito e sua família. É indispensável para a manun-tenção da vida, para o processo de socialização e humanização, mas si-multaneamente indica algo que transcende à materialidade da forma: o lar, a família, a terra onde se mora ou onde se nasceu. "Vou para minha casa" significa "vou para junto dos meus, para minha família". "Como ave vagan-do longe de seu ninho, assim é o homem vagando longe de sua casa" (de seu lar) (Pr 27,8).

2.1. O simbólico e a reconstrução da unidade

A "re-ligação" simbólica funda a aliança universal numa compreensão prático-integradora das partes entre si, das partes no todo, do todo nas partes. Preserva na unidade a originalidade do diferente. É, assim, para-digma de conhecimento e de inclusão, base de reorganização da vida ma-terial e espiritual, pessoal e coletiva. Dessa forma, é possibilidade que per-mite a sustentação da esperança na construção histórica da unidade. Pen-semos aqui:

- na unidade dinâmica entre as diversas dimensões constitu-tivas do ser humano;
- na comunhão entre as pessoas e os grupos sociais;
- na solidariedade intergrupal;
- na construção da paz entre as religiões, superando precon-ceitos e intolerâncias recíprocas, perscrutando a universali-dade da graça de Deus;
- na consciência ativa da totalidade que é a humanidade;

- na mútua pertença humanidade-natureza, na consciência cósmica integradora capaz de perceber, na origem e na interligação amorosa, a presença transparente e atraente de Deus.[2]

2.2. O simbólico aponta para o Mistério

Nós, seres humanos, somos dotados de inteligência e sensibilidade. Somos capazes de conhecimento e sabedoria. Contudo, somos também finitos e limitados. Deus é Infinito, Absoluto, Eterno. Somos capazes de conhecer Deus, de nos comunicar com ele, amá-lo, ouvi-lo. Entretanto, nossas faculdades humanas não dão conta de compreender e explicar a totalidade do Ser e dos desígnios divinos. Deus é O sempre maior, que, estando próximo, está simultaneamente além da capacidade humana de compreensão.

Por isso, dizemos que Deus é inefável. Conhecendo-o, conhecemo-lo em parte. O poder, a grandeza, a magnitude, a glória de Deus que nos inspiram reverência, adoração e louvor permanecem para nós um mistério. O Deus que se revela é Mistério.

A linguagem simbólico-religiosa, por ser remetente e não exaustiva, preserva o sentido do Mistério, ao mesmo tempo que comunica algo de verdadeiro em relação a Deus e seus mistérios. Um bom exemplo, que pode nos ajudar a concretizar essas idéias, é o sacrário de nossas igrejas. As luzes vermelhas brilhando a seu lado apontam para a presença das partículas consagradas. Suas cortinas e suas portas que abrem e encerram, mostrando e velando, expressam Deus que se desvela, mas que, na medida de nosso entendimento humano e limitado, também permanece um tanto ou quanto obscuro.

Mistério, *myein,* significa fechar a boca, silenciar e ao mesmo tempo balbuciar, segredar. A linguagem simbólica é "segredante": diz, e diz bem, mas não diz tudo. Nela há espaço para a efervescência do encontro amoroso, para o discurso silencioso, para a adoração. Essas atitudes fazem parte da experiência mística.

Os grandes místicos como Agostinho, Francisco de Assis, João da Cruz, Tereza d'Ávila, Tomás de Aquino e tantos outros que viveram fortes experiências de espiritualidade contam-nos que, quanto mais se sentiam na presença da grandeza de Deus, mais percebiam o quanto esta os ultrapassava e o quanto não conseguiam colocá-la e dizê-la em palavras humanas. Falavam então do que experimentavam por meio da linguagem simbólica, analógica, metafórica, isto é, por aproximações, por imagens, por representações, por silêncios.

---

[2] Boff, Leonardo. *A voz do arco-íris.* Brasília, Letraviva, 2000. p. 151. *"A partir dessa experiência unificante, tudo pode ser sacramental, ou seja, tudo pode se fazer portador da Divina presença. Por isso, surge uma atitude de respeito, de veneração e de acolhida a todas as coisas. Elas são portadoras do Mistério do mundo, são todas grávidas de Deus."*

Não é isso mesmo que também nós intuimos e sentimos quando nos colocamos diante da Grandeza e da Magnitude Divina perante a qual dobramos os joelhos orando sem palavras? É luz do sol que olhos humanos percebem, mas não conseguem fitar. Clarão de lua entrevisto nas nuvens em movimento. Real, mas fugidio. É perfume aspirado que não se vê. Presença sentida como mais alta e mais profunda, mais larga e envolvente que as águas do mar em relação aos peixes que nutre.

O símbolo não fala objetivando especificar, quantificar, classificar, decodificar o Mistério. Não se cala diante dele, mas sim o assinala, aponta. Contudo, é bom que nunca nos confundamos: o dedo que aponta para a estrela não é a estrela. O símbolo religioso, em sua positividade, não é a objetificação do Sagrado, isto é, seu aprisionamento ou sua redução a um objeto. A objetificação é o apequenamento, a concretização redutora e mortífera do Mistério. Mistério reduzido a coisa é *coisa*, e Deus não é coisa.

2.3. O simbólico: linguagem de oração

Se o simbólico é uma das linguagens humanas para falar *sobre* Deus, é também uma linguagem humana para falar *com* Deus. É a linguagem da oração. Quando o coração amante que se sente amado solta-se das amarras do racionalismo, cria e vive o nicho da experiência mística. Sua presença nas diversas manifestações religiosas das várias culturas atesta a necessidade humana do culto divino. Necessidade divina, não de Deus como aquele que precisa ser cultuado, mas divina porque constitutiva da criatura humana carente de encontros com Deus Criador.

A palavra humana orante, que na tradição judaico-cristã constrói vias inspiradas, caminhos de mão dupla para o encontro do indivíduo e da comunidade de fé com o Deus da fé, não hesita em utilizar a linguagem simbólica. "Meu abrigo, meu rochedo, minha força, meu refúgio, minha torre forte, minha lâmpada" são expressões das louvações e súplicas amorosas e confiantes dirigidas a Iahweh pelos salmistas no Salmo 18. "O Deus da paz, que fez subir dentre os mortos aquele que se tornou, pelo sangue de uma Aliança eterna, o grande Pastor das ovelhas, nosso Senhor Jesus, vos torne aptos a todo o bem para fazer a sua vontade." É a oração que exprime o desejo, a confiança e a súplica em Hb 13,20-21.

Os católicos têm na oração da salve-rainha uma profusão de imagens simbólicas. Da mesma forma, na ladainha de Nossa Senhora, Maria é chamada de *Rosa Mística, Torre de Marfim, Arca da Aliança* etc.

2.4. A fala do Espírito

Mediante o simbólico podemos encontrar o Espírito falando aos homens? Sim, porque no simbólico está em articulação e dinamismo a inteireza humana: mente, corpo, coração, espírito, ação.

A linguagem simbólica é potencialmente includente, ou seja, dirige-se e é compreensível pelos homens em seus diversos estratos sociais. Desde que as pessoas de alguma forma *conheçam as narrativas fundantes,* o símbolo pode falar e proclamar a mensagem evangélica tanto aos letrados quanto aos analfabetos, aos intelectuais quanto àqueles vinculados à cultura popular. Pelo simbólico, também os pobres, destituídos do aparato do linguajar erudito, podem expressar sua fé e comunicá-la, tornando-se evangelizadores universais. Veja-se, por exemplo, a eloqüência simples e contagiante da arte religiosa popular: o cancioneiro, a pintura, a escultura daqueles que não foram incluídos nas escolas oficiais.

Lembremos também que a linguagem simbólica em sua forma verbal é essencialmente plástica, comporta aproximações imagéticas que, a seu modo, suprem a ausência de conceitos abstratos. Permite a expressão por analogias, o dizer pela exemplificação, a narrativa parabólica não menos verdadeira e centrada que o discurso regrado das academias. O simbólico é, dessa forma, uma linguagem especialmente democrática: homens e mulheres, crianças, jovens e idosos, sujeitos urbanos e camponeses podem a seu modo apropriar-se de seu sentido e por ele expressar sua fé. Padre Comblin, estudando a relação entre o Espírito e a Palavra, afirma:

> Na teologia paulina o poder do Espírito manifesta-se também de modo eminente na palavra. A palavra do Evangelho é tanto mais forte quanto mais fraco e menos eloqüente (erudito) o portador. É uma palavra pobre, porque uma palavra de pobre, mas uma palavra que conta com a força do Espírito. Pois o que diz é novo e revoluciona os ouvintes: "Minha palavra e minha pregação nada tinham da persuasiva linguagem da sabedoria (oficial), mas eram uma demonstração de Espírito e de poder" (1Cor 2,4).[3]

Tomemos como exemplo de arte popular o presépio: seja ele de louça, gesso, barro, madeira, estopa; montado nas catedrais, nas capelinhas, nas casas de família, nos monastérios, nas escolas, nos centros urbanos, no mundo rural. A todos que têm sensibilidade e fé ele diz algo, remete a algo, evoca e provoca algo. Por ele, o Espírito também pode operar. O simbólico assim compreendido apresenta-se como uma das inúmeras formas do Sagrado se manifestar.

Assim se pode entender o que são Boaventura, por volta de 1260, escrevia:

> As imagens não foram introduzidas nas igrejas sem causa razoável. Elas derivam de três causas: a precária cultura dos simples, a frouxidão dos afetos e a impermanência da memória. Elas foram construídas em razão dos simples que não podendo ler o texto escrito utilizam as esculturas e as pinturas como se fossem livros para se introduzir nos mistérios de nossa fé. Da mesma forma elas foram introduzidas em função da frouxidão dos afetos para que aqueles cuja devoção não é estimulada pelos gestos do Cristo, recebidos por intermédio dos ouvidos, sejam provocados pela contemplação dos olhos do corpo, em sua presença nas esculturas e pinturas, já que

---

[3] COMBLIN, *O Espírito Santo e...,* cit., p. 93. Os parênteses são nossos.

na realidade o que se vê estimula mais os afetos do que o que se ouve... Finalmente por causa da impermanência da memória, já que o que se ouve é mais facilmente esquecido do que o que se vê.... Assim, por dom divino, as imagens foram executadas nas igrejas para que, vendo-as, nos lembremos das graças que recebemos e das obras virtuosas dos santos.

A história da humanidade, das culturas e nelas, e cada uma de nossas vidas pessoais caracterizam-se pela convivência simultânea de mudanças e conservações, tradições e inovações. Nossa forma de conhecer e explicar o mundo tem como ponto de partida o já conhecido, experienciado e sabido como fonte de interpretação e sentido para o novo, que constantemente se nos é apresentado. As construções simbólicas incorporam e são facilitadoras desse movimento, pois o fixismo não é próprio do simbólico. Tampouco o Espírito é fixista. É movimento, sopro, brisa, vitalidade.

Mantido pela comunidade de fé, o significado fundante e profundo dos símbolos religiosos possibilita a leitura e interpretação de novas situações. Apresentamos anteriormente algumas facetas do simbolismo da cruz para os cristãos: conflito–luta–vida–morte–ressurreição. Pois bem, a mesma cruz processional, que nas catedrais é solenemente levada pelos acólitos em uma missa pontifical, significando a morte, a vitória e a ressurreição de Jesus Cristo, é carregada nas ruas e estradas pela procissão dos pobres e expoliados em atitude de reverente esperança. Eles percebem a intimidade de sua dor e a dor do Crucificado e buscam sustento na fé para suas lutas por libertação, inclusão, terra, moradia, trabalho, vida.

Conservando o símbolo e o significado fundante do Crucificado e sua cruz, os pobres vitalizam-nos, introduzindo novas articulações e releituras nascidas de seu meio e de suas condições reais de existência. Os pobres são, assim, "Verônicas" que, ainda hoje, enquanto desdobram com seus rostos a toalha onde ficou impressa a face do martirizado, cantam: *Oh! vós homens que passais, vede como é grande a minha dor*. São verdadeiros ícones (*Vero ícone* = Verô-nica) vivos de Jesus Cristo crucificado, morto e ressuscitado gloriosamente por Deus. São reveladores da contradição do mundo e, por suas lutas, antecipadores de transformações simbolicamente visibilizadas na cruz de Jesus (contradição–profetismo–luta–esperança...).

A multiplicidade de formas pelas quais o conteúdo da fé pode ser simbolicamente manifesto pela multiplicidade de pessoas e comunidades lembra-nos a experiência de Pentecostes:

Todos ficaram cheios do Espírito Santo e começaram a falar em outras línguas, conforme o Espírito os impelia que falassem (...). Vossos filhos e vossas filhas hão de profetizar (At 2,4.17).

Por isso, podemos dizer que o simbólico é também uma linguagem de Deus para dirigir-se à capacidade humana de compreensão. *É linguagem divina do Deus inefável para dar-se aos homens e mulheres, para comunicar-se.* É a possibilidade do diálogo sempre inesgotável, atualizável, memorável entre o Criador e suas criaturas. Pedagogia de Deus que ensina, corrige, exorta, consola e sustenta.[4]

Buscando entender essa linguagem feita de palavras, imagens, formas, sons, cheiros, gestos, colocamo-nos sempre na posição de quem aprende ou reaprende idiomas. É preciso *conhecer o código simbólico da fé,* suas fontes e tradições; é necessário manter as antenas ligadas para captar a palavra germinal do Artista Divino, que disse e continua a dizer de mil maneiras, florescendo nas manifestações dos artistas humanos.

O simbólico pode, sob certas condições, ser representação, reapresentação, presentificação, presença do divino no humano. Nesse caso, é ponte e escada para o fluir e o refluir energético e vivificante do Espírito na fé humana; é, simultaneamente, expressão da fé no Espírito comunicante. Nesse sentido, o simbólico é dom. É dádiva a ser preservada.

A antropologia teológica encontra também aqui uma realidade a ser melhor conhecida, pois os conteúdos das várias modalidades de autocompreensão dos cristãos, aninhados em seus imaginários, expressos em suas narrativas, vividos em seus rituais e comunicados por seus sistemas simbólicos, não são alheios às suas preocupações.

A autocompreensão dos cristãos e de seu imaginário não opera desvinculada das condições reais da existência, que hoje são traçadas segundo uma ordem social de dimensões planetárias. Trata-se da sobremodernidade fundada na globalização, cuja alavanca é o capital. O homem moderno, cada vez mais, é definido e se autocompreende segundo a da ordem econômica. É esta que, soberana, ao enxertá-lo nos grandes complexos urbanos, delimita-lhe os espaços, o trânsito, o ir e vir entre os locais e condições de moradia e os locais e condições de trabalho. Com base na economia, as pessoas se organizam, distribuem seu tempo e determinam suas atividades.

A sobremodernidade centrada na economia torna rarefeitas as fontes que alimentam e fertilizam o imaginário. Observamos, de fato, o ressecamento dessas fontes. Na cultura do consumo/desperdício, a mudança é em si mesma mercadoria — o que ontem era bom, útil e belo, hoje já não o é, e o que era meio é convertido em fim. A preservação e o anúncio de um imaginário alternativo se fazem cada vez mais necessários e desejados pelos homens cansados da mesmice. O imaginário cristão é chamado a cavar poços de água límpida nesta terra ressecada, fecundando-a mais uma vez com a Boa-Nova da qual é portador.

3. NO SIMBÓLICO PODE ESTAR O DIABÓLICO

Sempre há um porém. O simbólico poderoso pode portar o diabólico, também poderoso. Isso porque o símbolo é ambíguo e pode ser manipulado. Vejamos alguns exemplos:

---

[4] Is 59,15-18; 65,17-25; Mt 13,31-33; Jo 10,14.

João é palmeirense. Gosta de usar a camisa verde e branca do seu clube para ir aos estádios e assistir aos jogos de futebol. Ao usá-la ele confere visibilidade às suas preferências futebolísticas. Ele busca, deseja e é incluído no grupo dos palmeirenses. Automaticamente se exclui e é excluído do grupo dos corintianos, que usam camisa preta e branca. No calor de uma partida entre os dois times, caso ele venha a sentar-se ao lado de um corintiano, que em outras circunstâncias poderia até vir a ser seu amigo, por ser uma pessoa gentil e educada, naquele momento, é seu adversário. Podem até brigar, ofender-se e agredir-se fisicamente. Camisa verde e branca e camisa preta e branca, em circunstâncias comuns, não passam de roupas coloridas. Nas situações de jogos, no entanto, são símbolos poderosos.

Assim também os símbolos religiosos. A medalha de Nossa Senhora que Maria de Fátima traz na correntinha a inclui no grupo dos católicos e a exclui do grupo dos evangélicos. Uma pessoa boa e honesta que traga ao pescoço as guias de umbanda pode ser excluída e desprezada por católicos fanáticos. A estrela de Davi recortada em tecido amarelo e costurada sobre casacos facilitou o extermínio de milhares de judeus. A história das Américas está repleta de profanações simbólicas perpetradas por cristãos contra índios e africanos, o que sem dúvida nenhuma lhes causou indizíveis espantos e sofrimentos.

Preconceitos em relação a símbolos religiosos manifestam preconceitos em relação a outras religiões e seus fiéis, contra outras crenças, outras formas de crer, outras culturas, outras formas de ser humano. É a prevalência do modelo único e autoritário, em detrimento da liberdade e da pluralidade.

Quando a convivência entre as várias religiões for integradora e harmoniosa, todos os símbolos religiosos serão respeitados porque visibilizam crenças, valores, tradições, dimensões transcendentes do ser humano e do mundo, que são algumas das infinitas facetas de Deus.

O *Homo sapiens* criador de cultura cultiva *(cultus)* sua capacidade simbólica em diversas direções e diversas formas de manifestações. Os sistemas simbólicos, instrumentos de conhecimento e de comunicação, apontam em várias direções, criando mundos de sentido e significações, possibilitando a vida social. Em paralelo, por serem socialmente produzidos e veiculados, podem servir a interesses particulares que, por meio deles, tendem a se apresentar como interesses universais, comuns ao conjunto da sociedade. Nesse sentido, podem ser manipulados:

- legitimando a ordem estabelecida que favorece determinado grupo social;
- dissimulando a dominação;
- separando e organizando hierarquicamente os sujeitos e seus grupos;

- desqualificando aspirações e ações transformadoras e seus agentes;
- obstruindo a elaboração e circulação de novas compreensões e significados;
- condenando ao ostracismo valores autênticos;
- ridicularizando formas populares de expressão;
- transfigurando lutas legítimas por uma ordem social mais justa;
- arrogando para um grupo de "especialistas" comunicólogos o monopólio e a competência da produção simbólica.

O poder simbólico de produzir e fazer crer em representações invertidas do mundo encontra no campo econômico e político terreno de enraizamento. Vejamos, por exemplo, a utilização do simbólico nos períodos de eleições para cargos públicos: são corações pulsantes, vassouras, estrelas, *slogans*, punhos fechados, dedos em riste, beijos a crianças, abraços a pobres, músicas de fundo, artistas de TV, *shows* etc. Lembremos também a manipulação do imaginário mediante o simbólico, quando a indústria objetiva criar novas "necessidades supérfluas" para incentivar o consumo de bens desnecessários.

Em sociedades assimétricas, isto é, marcadas por fortes desigualdades econômicas, políticas e culturais, os que se encontram em posições subalternas experimentam dificuldades em produzir, preservar, comunicar através do simbólico seus interesses, concepções, pontos de vista sobre si mesmos e sobre o social. Muitas vezes seu capital simbólico é apropriado pelos grupos dominantes e desvirtuado em relação aos conteúdos e significados originários. Os que controlam a sociedade tendem a controlar também o universo simbólico popular. Tomemos como exemplos duas festas populares: o Carnaval e a Festa do Peão de Boiadeiro, transformadas pela mídia em espetáculos para turistas e telespectadores. Suas origens comunitárias são distorcidas em competições e manipuladas para gerar lucros, beneficiando os exploradores e explorando os participantes originais, colocando e impondo conteúdos alheios às tradições e aos reais interesses populares. O controle social que é praticado por meio da expropriação do caráter popular dessas festas e seus símbolos facilita a difusão de legitimações ideólogicas que ocultam a desordem social, introduzem a passividade em relação à solução real de conflitos reais.

Dar oportunidade aos "fracos" mediante o sistema de expressar seus pontos de vista sobre si mesmos, sobre o social, o mundo, a história e Deus seria romper com o sistema de dominação e estar a serviço de uma Boa-Nova. Romper com o sistema e pôr-se a serviço mediante a expressão, audição ativa, divulgação, troca fecundante, ação. Para tal obra, o espaço religioso de produção simbólica deveria se constituir em espaço de partilha comunitária de bens simbólicos, nunca como remedo de "museu do folclore".

Resumindo

Pensamos e nos comunicamos por meio da linguagem feita de imagens e palavras, ou seja, mediante símbolos. Os símbolos possibilitam diferentes experiências de reconstrução da realidade que nos circunda. Permitem tornar presente o que está ausente no momento ou que não pode ser percebido diretamente pelos sentidos. Por meio das várias possibilidades oferecidas pela linguagem simbólica, pensamos, expressamos e comunicamos nossa fé.

A linguagem simbólica permite a expressão de nossa racionalidade, objetividade, subjetividade. Porque liga, religa e interpreta a vida em suas múltiplas manifestações ela é a linguagem apropriada para expressar experiências religiosas: religar, reler e significar o mundo e a história dos homens vivida com Deus.

Para os cristãos, os elementos da natureza simbolizam a presença e a glória do Criador. Na simplicidade das relações fraternas que acontecem nas famílias e nas comunidades, os cristãos vivem a presença comunicante de Deus.

O simbólico que permite a reconstrução da unidade e a conservação da esperança permite também a experiência humana do Mistério de Deus. A linguagem simbólica é via de mão dupla através da qual, em encontros de amor, Deus e os homens podem se comunicar.

O simbólico é ambíguo. Permite tanto a inclusão como a exclusão de pessoas. Os símbolos podem ser manipulados para ocultar e distorcer a verdade, servir para legitimar uma ordem injusta.

Articulando conhecimento e vida

Pesquise em seu meio ambiente onde Deus se manifesta na unidade e na diversidade:

No candomblé, na umbanda, no espiritismo, no judaísmo, no budismo, no islamismo, enfim, em todas as religiões, também *existem símbolos* e *práticas religiosas* destinadas:

a) ao reconhecimento e visibilização da sacralidade do lar;

b) ao acolhimento das necessidades do grupo de parentela;

c) à prática da solidariedade.

Em atitude profundamente respeitosa, seria muito bom que sua comunidade pesquisasse *esses símbolos* e seus significados profundos.

Capítulo quarto

UM PROCESSO DE HUMANIZAÇÃO

1. A PRESERVAÇÃO HUMANIZADORA DAS FONTES DO IMAGINÁRIO

1.1. A preservação da memória das práticas históricas da humanidade

Nosso imaginário poder ser comparado a um imenso tapete colorido, cheio de desenhos, formas que se interpenetram e se completam. Esse tapete está sempre sendo tecido e jamais termina. Quando uma de suas partes ou figuras é rebordada, o todo do desenho fica alterado. Esse tapete expressa, pelos símbolos de seus desenhos e formas, as nossas visões de mundo, o sentido que atribuímos à vida, as interpretações que elaboramos acerca dos acontecimentos, os projetos que fazemos para o futuro. Nós somos os artífices, os tecelões de nossos próprios imaginários.

Contudo, nosso trabalho nunca parte do nada, uma vez que as figuras ou os motivos básicos do grande desenho que vamos constantemente elaborando são originários e parte integrante de um acervo coletivo, ou seja, são dados pela cultura que recebemos do passado, da qual hoje participamos e que ativamente reprocessamos. Os fios de sua trama são nossas experiências já vividas, conhecimentos que nos foram comunicados e dos quais agora somos portadores, nossas crenças, valores, convicções. As cores e tonalidades dos fios com que trabalhamos o imenso e complexo tapete do imaginário devem-se às tintas que estão impressas em nossas memórias. Essas tintas que estão hoje à nossa disposição para serem utilizadas e combinadas devem-se a químicas e técnicas desenvolvidas durante os milênios das civilizações. Com base nelas podemos desenvolver novas colorações, criar novas texturas, descobrir e criar algo novo e surpreendente.

Podemos dizer que o imaginário e o simbólico (no qual o imaginário se presentifica), ambos sempre dinâmicos e processantes, têm na memória suas fundações. Dela extraem conteúdos, imagens, representações, valores, lembranças, estímulos, paradigmas, conhecimentos.

A memória estabelece a relação entre o passado e o presente de tal forma que, ao contatá-los dinamicamente, permite ao homem projetar-se em direção ao futuro. Nossas vidas transcorrem no intervalo entre o passado e o futuro. Da experiência de um presente, a cada instante atualizado entre a fração de segundo anterior (passado) e a fração de segundo que virá (futuro), o pensamento humano emerge e se move criativamente, possibilitando a ação.

A tradição judaico-cristã reconhece a memória como dimensão inerente ao homem. Atesta seu valor fundante na construção histórica dos povos. Lembra que sua reserva de sentido irradia para nossos tempos as experiências de fé anteriormente vividas pelos antepassados, nossos pais e mães na fé. Os teólogos apresentam o Livro Sagrado como a memória do povo de Deus que, entre encontros e desencontros, encontrou a si mesmo e a seu Deus. Por várias vezes, *o próprio Deus* é apresentado nos textos sagrados como aquele que *ajuda o povo a fazer memória*.

> *Estabelecerei a minha habitação no meio de vós e não vos rejeitarei jamais. Estarei no meio de vós, serei vosso Deus e vós sereis o meu povo. Pois sou eu, Iahweh vosso Deus, que vos fiz sair da terra do Egito para que não fôsseis mais os servos deles; quebrei as cangas do vosso jugo e vos fiz andar de cabeça erguida* (Lv 26,11-13).

> *Colocai estas minhas palavras no vosso coração e na vossa alma, atai-as como um sinal em vossas mãos, e sejam como um frontal entre vossos olhos. Ensinai-as a vossos filhos, falando delas sentado em tua casa e andando em teu caminho, deitado e de pé; tu as escreverás nos umbrais da tua casa e nas tuas portas, para que vossos dias e os dias de teus filhos se multipliquem sobre a terra que Iahweh jurou dar aos vossos pais, e sejam tão numerosos como os dias em que o céu permanecer sobre a terra* (Dt 11,18-22).

Santo Agostinho, orando em suas *Confissões*, diz:

> *Por que procuro eu o lugar onde habitais, como se na memória houvesse compartimentos? É fora de dúvida que residis dentro dela porque me lembro de Vós, desde que Vos conheci e encontro-Vos lá dentro, sempre que de Vós me lembro.*

É *a memória acumulada*, sempre enriquecida e ampliada, um dos pilares que *nos permitem dizer quem somos,* o que somos, porque somos desta maneira e não de outra, para que somos, como deveremos ser para projetar o que seremos. Por isso é que se diz que os desmemoriados são desorientados, ou seja, alijados de identidade, pertença, orientação e sentido. Sem a memória do passado, convocada pelo presente, não há presente nem futuro.

A pergunta *de onde viemos* articulada à pergunta *quem somos nós* recoloca a questão das origens, das pertenças, das identidades. No plano pessoal, a pergunta *quem é você* pode, em determinadas circunstâncias, ser respondida com a indicação das origens familiares: *sou filho de fulano e sicrana, sendo meus avós fulanos de tal, que nasceram em tal lugar etc. etc.* Essa forma tradicional de definição identitária pode assumir funções sociais de inclusão e/ou exclusão, ou seja, pertenço a tal linhagem e não a outras. Pode sublinhar apreço, respeito e gratidão aos antepassados, mas pode também ser a visibilização de uma ordem social hierárquica, baseada na diferenciação e discriminação. Na tradição judaica e na literatura bíblica são usuais as expressões *bar* e *ben* como designativas de filiação: Moshé *Ben* Maimon, Moshé, *filho de* Maimon; Yehoshú'a *Ben* Yosef, Jesus, *filho de* José.

Hoje, a identidade construída através da memória familiar é expressa pelos sobrenomes. À medida que se encaminha para o passado e os laços de parentesco vão-se ampliando, o grupo vai-se reencontrando e reforça raízes comuns. Positivamente, lembra e reinsere o sujeito individual em uma realidade sociológica cada vez mais ampla — grupo, etnia, nação — até chegar a expressar sua pertença à família ou comunidade humana. Aí pode ser reencontrada a origem comum a todos, a filiação do Pai Comum, a adesão ao Deus Criador e, nesse sentido, pode ser caminho para a restauração da fraternidade universal. Negativamente, pode-se fechar em círculos excludentes e xenófagos.

Tendo em vista que "re-cor-dar" é dar de novo o coração, é também dar de novo a sensibilidade que se presentifica na razão. Pela memória fundada em fatos selecionados e interpretados pelo imaginário significante do passado e do presente, encontramo-nos ativos em uma outra forma de apropriação do mundo. Forma criativa e imagética, necessária para a sustentação do equilíbrio entre as várias dimensões do humano, ameaçadas na modernidade, que privilegia à exaustão a apropriação do mundo, na qual tudo tende a ser valorizado pelos parâmetros dos imperativos da velocidade, da mudança e da novidade que tornam o "ainda ontem" obsoleto.

Não resta dúvida de que a vida das culturas, na qual se humanizam os homens, está vinculada ao processo dinâmico de transmissão às novas gerações das memórias de vida das gerações passadas, seus feitos, saberes, valores, hábitos, costumes, técnicas.

Hoje, grupos provenientes de várias classes sociais, de várias religiões, de muitos países e etnias estão se articulando contra o esquecimento coletivo que ameaça a conservação das culturas, dos grupos e dos sujeitos, uma vez que a perda da memória grupal implica a perda de raízes, de identidades e pertencimentos. Esses grupos objetivam a defesa do patrimônio histórico da humanidade e também a preservação de suas histórias particulares, de suas línguas, tradições e valores. Para eles é importante conservar suas comidas, músicas, vestimentas, rituais, festas, símbolos, para não desaparecerem ou serem esquecidos. Nas memórias do coletivo entendem encontrar recursos para uma nova resistência perante a demolição das originalidades e a pasteurização das diferenças impostas pela mídia, fundada no capital sem pátria.

A luta pela preservação da memória histórica da humanidade procura relembrar pertenças, reintegrar identidades, reimprimir caráter. E também conservar e apresentar para os dias de hoje valores e conceitos duramente conquistados como: liberdade, responsabilidade, justiça, razão, virtude, solidariedade, cidadania. Sem a história das experiências vividas, dos sacrifícios feitos, das ferrenhas lutas do passado, esses valores correm o risco de transformarem-se em palavras ocas e se perderem. Na sobre-modernidade, na qual o consumismo consome lembranças e memórias, faz-se necessária a tomada de posição diante da manipulação ideológica do passado.

É sempre necessário lembrar que a memória do passado não é unívoca, isto é, pode variar entre as pessoas e os grupos. Por isso é preferível usar o plural e falar de memórias. Isso porque, como são enraizadas em acontecimentos vivenciados por sujeitos, grupos, estratos, classes, etnias, nações muitas vezes oponentes e conflitantes, uma será a memória dos vencidos e sacrificados e outra, a dos vencedores e conquistadores.

Hoje, em toda a América, observa-se a luta política que se trava entre *memórias,* posto que são elas um *instrumento do poder.* Se de um lado há um esforço de preservação da memória dos vencidos — dos índios, dos negros, dos pobres que sofreram e ainda sofrem modalidades várias de escravidão —, de outro lado, há também um esforço para que esta seja sepultada ou descaracterizada pela imposição da regra do silêncio e do esquecimento, ou ainda pela seleção arranjada e ideológica de lembranças pacificantes e domesticadoras.

A memória histórica pode oferecer ao homem moderno contribuições importantes, significados preciosos para a discussão e a melhor compreensão das grandes questões que nos acompanham. Possibilita a conservação de experiências passadas, que de outra forma poderiam se perder, para criativamente transformá-las em adubo para fertilizar o presente e permitir a germinação do futuro.

Entretanto, vários desafios se colocam perante a *questão do resgate de memórias.* Sem dúvida, um dos mais exigentes e necessários é ultrapassar uma compreensão que pinça ou retira alguns acontecimentos do passado do contexto mais geral onde ocorreram. É preciso que cada fato, cada acontecimento seja revisitado por nós hoje, sem perdermos de vista o conjunto formado pelas organizações políticas, econômicas, sociais, bem como pelas mentalidades de cada época. Ou seja, para compreendermos nosso passado não podemos desencarná-lo da complexidade das inúmeras articulações e condicionantes sempre presentes na vida social.

Outro desafio está em superar uma visão ingênua e preconceituosa que, ao observar os fatos e relações sociais, divide e dá significado a homens, grupos e culturas com base em princípios rigidamente estigmatizantes. Por exemplo: de um lado estão os totalmente bons, sem vícios nem manchas, integralmente justos e literalmente perseguidos; do outro lado, os tão-somente malvados, intencionalmente depravados, injustos por natureza, portadores de todo o mal.

Há também que se evitar uma avaliação do passado fundada apenas em valores e comportamentos contemporâneos. Por exemplo, o desenvolvimento atual das ciências nos oferece hoje uma compreensão de mundo e da vida de que nossos antepassados não dispunham. Não podemos avaliar corretamente suas ações se ignorarmos que em seu mundo de sentido não estavam presentes as modernas conquistas no campo da astronomia, biologia, anatomia, medicina, psicologia, sociologia, antropologia, direito, ética e a própria história. Essas precauções são decisivas para o embasamento da competência crítica em relação ao passado.

1.2. A preservação da memória do Bem e do Mal

A memória é a chave de compreensão para o presente. A complexidade da realidade na qual hoje vivemos e atuamos não se dá sem a compreensão do passado em que foi engendrada. A esse respeito, afirma o grande historiador Eric Hobsbawm, em seu livro *Era dos extremos: o breve século XX:*

> *A destruição do passado — ou melhor, dos mecanismos sociais que vinculam nossa experiência pessoal à das gerações passadas — é um dos fenômenos mais característicos e lúgubres do final do século XX. Quase todos os jovens de hoje crescem numa espécie de presente contínuo, sem qualquer relação orgânica com o passado público da época em que vivem. Por isso os historiadores, cujo ofício é lembrar o que os outros esquecem, tornam-se mais importantes que nunca no fim do segundo milênio... Em 1989 todos os governos do mundo, e particularmente todos os Ministros do Exterior do mundo, ter-se-iam beneficiado de um seminário sobre os acordos de paz firmados após as duas guerras mundiais que a maioria deles aparentemente havia esquecido.*[1]

A antropologia da tradição religiosa judaico-cristã é inovadora e singular no que se refere à conservação trabalhosa e comprometedora da memória histórica de pessoas e povos. Inovadora, porque, não se entendendo a si mesma e a Deus sem a referência ao passado do povo, não apenas armazenou ou compilou dados e acontecimentos históricos, mas sobretudo exerceu a tarefa de interpretá-los e significá-los à luz da Palavra de Deus. Palavra que orienta e julga a vida pessoal e societária que os homens, no curso da história, foram construindo e destruindo. Singular, porque, olhando do presente para o passado, não o fez de forma romantizada, escolhendo apenas acontecimentos honrosos ou fatos meritórios.

Na obra dos autores inspirados, da qual a seu modo todo o povo participava, observa-se estes não se furtaram a catalogar lutas, crises, violências, e o fizeram de tal modo a não apresentar seu povo sempre na condição de vítima pura e imaculada. Apontaram erros, injustiças, violências praticadas contra o povo por agentes externos, mas, com a mesma incisão,

---

[1] HOBSBAWM, Eric. *Era dos extremos*; o breve século XX. São Paulo, Companhia das Letras, 1995. p. 13.

denunciaram os desmandos internos, as opressões impostas aos pobres por compatriotas seus. Por isso, souberam eles, de modo ímpar, recolher da história suas grandes lições.

Na tradição judaico-cristã a memória da vitória da Vida não se faz sem a memória da morte do Mal. Nela não se fala do Mal em sentido genérico, do Mal abstrato. Nela não se fala da memória da idéia do Mal, mas da memória da encarnação do Mal em situações absolutamente concretas, observáveis, identificáveis.

As narrativas de opressão, de exploração, de exclusão, de injustiças e matanças perpassam toda a literatura bíblica. Nesta, não há falsos pudores ou sentimentalismos descompromissados impedindo a nomeação do Mal, a identificação de seus fautores ou cúmplices, dos interesses que comandavam suas ações predatórias.[2]

A literatura bíblica, que desvela o Mal e, a partir desse desvelamento, permite a reprogramação da vida de modo novo, é exemplar para os tempos de agora quando os povos preferem lembrar apenas suas páginas gloriosas, tentando apagar os descalabros cometidos e sofridos, estetizando e esterilizando o passado.

No século XX, o mais mortífero da história humana, foi preciso tornar presente o passado doloroso, não para repisá-lo infinitamente, não para revanchismos, mas para evitar a construção de novos tormentos.

Tzvetan Todorov lembra que, ao término da Segunda Guerra Mundial, Winston Churchill declarou: "Deve haver agora um ato de esquecimento de todos os horrores do passado". Ao que de imediato o filósofo George Santayana formulou esta advertência: "Os que esquecem o passado estão condenados a repeti-lo".

De fato, o esquecimento dos erros do passado nada acrescenta à história da humanidade. O esquecimento em nada beneficia o agredido nem tampouco o agressor. Obstaculariza, isso sim, que este assuma íntima e publicamente suas responsabilidades, "re-veja-se" e "re-projete-se". Para o agredido, humilhado, violentado é ocasião para que, visibilizando o Mal e suas conseqüências sempre nefastas, não o introjete, não o reproduza, não se transforme em agressor violentador. A opção pela luta não-violenta, pela resistência sem morticínios bilaterais só se faz mediante o reconhecimento dos males da violência. O esquecimento da falta impede a "re-conciliação". Esta nunca é um gesto unilateral, mas encontro interpessoal do qual pode brotar a reconstrução possível. Para o exercício do perdão, ensinado e vivido por Jesus, é preciso saber a quem perdoar, o que perdoar, por que perdoar. É necessário que o pecador identifique e reconheça seus erros.

---

[2] Cf. Jr 22,13-19; Mt 10,17-25; 15,19; 23,13-32; Ez 22 e 28; Lc 6,20-26; Is 3 e 5; At 7,51-56; 8,9-24; Mq 2-3; Tg 2,1-13; Hab 2-3.

O arrependimento é condição para o perdão entre os homens e de Deus para com os homens. Daí a necessidade da memória do Mal cometido, da falta assumida e da vontade de superação.

No mundo moderno é necessário que se preserve a memória do Mal histórico, encarnado em ações visíveis de ganância, ódio, exclusão, roubo, repressão, mortes injustas. Essas mortes precisam ser denunciadas, bem como seus causadores, a fim de que, com todo o empenho daqueles que amam o Bem e praticam a Justiça, possam os assassinos vir a ser conscientizados do mal que praticam, para deixar de praticá-lo.

1.3. A preservação da multiplicidade de linguagens

Cada vez mais intensa e extensamente, a multimediaticidade — unificação da palavra oral e escrita, do som e da imagem em um só meio de comunicação ou *media* — torna-se parte integrante e expansiva da cultura ocidental moderna. A televisão, que permite ver longe sem sair de onde estamos, assim como o computador e a internet são signos das conquistas da modernidade que se caracteriza pela velocidade do tempo e compressão dos espaços: em segundos estamos conectados com o mundo, ao vivo e em cores nas polegadas das telas.

A multimídia, saudada com euforia por alguns, vista com cautela por outros, coloca-nos na presença do *Homo videns* e do *Homo digitalis.* Giovanni Sartori[3] vê a multimídia não apenas como instrumento de comunicação humana, mas de formação do homem. Esse papel traz ao autor inquietações graves que perpassam pelo processo de socialização e formação da capacidade infantil de abstração e compreensão. Ele alerta seus leitores sobre a diluição de fronteiras entre o real e o irreal, entre a verdade e o simulacro. Preocupa-o a fragmentação do pensamento, a desestruturação das personalidades, a opinião teledirigida, o empobrecimento do compreender como condição de inteligibilidade do real. Ao mesmo tempo, não deixa de ser preocupante o fato de que a velocidade e multiplicidade de informações são dificilmente sintetizadas e tampouco relacionadas, dificultando a compreensão da realidade interativa entre partes e todo, gerando assim um saber superficial e desconectado de causalidades e conseqüências.

Sem dúvida nenhuma, a internet, que transmite imagens, sons, textos escritos, pode ser utilizada para fins de conhecimento e pesquisas. Pode ser acessada como uma biblioteca universal ligada por referências. Permite o diálogo entre utilizadores que interagem. Pode ser utilizada para agenciamento e gerência de negócios e serviços. Na navegação virtual, a simu-

---

[3] Para mais informações sobre esse assunto, cf. SARTORI, Giovanni. *Homo Videns*; televisão e pós-pensamento. Lisboa, Terramar, 1999.

lação se apresenta não raras vezes como necessária e estimulante e tem permitido avanços nas técnicas de engenharia, prática médica, física, química, cálculos, projeções, invenções que trazem enormes contribuições para a humanidade.

Pesquisas internacionais mostram que um terço dos acessos à rede é feito por pessoas que buscam algum tipo de atividade sexual virtual. Ao mesmo tempo, a freqüentação de *chats*, facilitadora de relacionamentos a distância, faculta também o enclausuramento, a dissimulação, a oclusão dos sujeitos, o que obstaculariza o face a face pelo qual os humanos se conhecem e reconhecem. Hoje, tanto a televisão como a computação são agentes civilizatórios no sentido de que formam hábitos, comportamentos, criam ou negam necessidades, formam opiniões, disseminam valores e compreensões de mundo.

Para o verdadeiro aproveitamento dos avanços da cibernética, é preciso preservar a multiplicidade de linguagens e dos agentes comunicadores. Deve haver maior incentivo ao contato com livros clássicos e modernos, com uma literatura de qualidade em gêneros, tais como poesia, romance, crônicas, obras científicas; à freqüentação de bibliotecas por parte de todos os cidadãos desde a infância. É cada vez mais importante a preservação e o incentivo à prática da conversação frente a frente entre crianças, jovens, adultos, idosos, entre letrados e não-letrados, entre as diferentes classes sociais e profissionais de várias áreas.

As casas, os parques, as igrejas, os bares e restaurantes, as escolas, as associações, os lugares de trabalho são lugares onde, por meio da conversação, o autoconhecimento e o conhecimento do outro podem acontecer. Quando a prática da conversação é esquecida, o debate e o confronto, imprescindíveis para a formação de convicções, para a gestação de novas idéias e soluções, para a revisão de concepções reducionistas ou viesadas tornam-se cada vez mais raros. A *arte da conversação* oferece espaço para que as informações se transformem em formação. O amplo debate público é espaço para o exercício da democracia e da cidadania.

1.4. A preservação da Beleza

A preservação crítica das distintas linguagens dos vários comunicadores é necessária para o equilíbrio individual, para as relações democráticas interpessoais, intergrupais, internacionais. O conjunto das linguagens torna mais arguta e afina a sensibilidade humana para a descoberta e o contato com a Beleza, na diversidade e na liberdade criativa de suas manifestações.

Em um mundo enfeiado pela fome, pela miserabilidade dos povos, pela poluição da natureza, pelas guerras, destruição, caos urbano, pelas imagens bonitas que distorcem a verdade, sons que ferem os ouvidos, pela antiarte que nutre o comércio, pela arquitetura desumanizante, dar reforço e oportunidade ao genuíno desejo humano pela Beleza é tarefa humanizadora.

A atração, a exaltação, a identificação pessoal e coletiva com a Beleza encontra-se viva na história e nas tradições dos povos. Entre os cantos sagrados dos índios guarani, que se identificam como os "belamente adornados", as expressões Bela Palavra, Belo Saber, Grande Coração, Belos Habitantes, Belas Moradas acham-se entrelaçadas, formando um todo belíssimo. Na vivência dessa beleza, sua alegria salta à vista e desta alegria fecunda nascem crianças. Pierre Clastres reuniu alguns destes cantos, dos quais apresentamos agora um pequeno exemplo:

> *Estes que são Belamente adornados,*
> *Crianças nos são enviadas:*
> *estas que são Belamente adornadas.*
> *"Bem, é preciso ir sobre a terra!"*
> *eis que à vista de sua alegria*
> *dizem aqueles que habitam acima de nós.*
> *Alguém apresta-se a prover de nádegas;*
> *"Lembre-se de mim, você que se ergue".*
> *Sobre nossa terra envie então.*
> *Assim, farei correr o fluxo das Belas Palavras*
> *uma Bela Palavra-habitante*
> *para você que se lembrará de mim,*
> *a fim de que ela aí se instale.*
> *Assim, aos não pouco numerosos filhos excelentes que reúno,*
> *farei com que corra o fluxo das Belas Palavras.*[4]

A antropologia teológica não pode furtar-se à reflexão sobre o direito humano à Beleza, aliado à necessidade e capacidade humana de maravilhar-se e ao desejo comum de felicidade. A libertação integral implica libertar da feiúra para a gratuidade do Belo, pois a Beleza é graça, é feita de graça, no sentido abrangente da palavra.

Nos textos bíblicos e nos clássicos da espiritualidade ocidental e oriental, o Belo, o Bom, o Justo e o Verdadeiro andam de braços dados com a criação, a glória, o esplendor, os desígnios, a luz, o brilho, a revelação de Deus. Também no olhar e na criatividade da arte erudita e popular, a experiência estética da contemplação maravilhada do Belo na natureza (céu, florestas, campos, fogo, águas, animais, corpos humanos) aponta para o Criador. Um belo quadro, uma bela escultura, uma bela arquitetura, a bela música embelezando o mundo possibilitam profundas experiências de transcendência.

Tanto em uns como em outros, a experiência estética é muitas vezes associada à experiência ética (a beleza do caráter, da autenticidade, da solidariedade, do dom de si, da justiça) e à experiência da gratuidade. Quanto se cobra pelo *belo gesto* de "lavar os pés", purificando, cuidando, reintegrando, colaborando para a auto-estima dos companheiros? No mer-

---

[4] CLASTRES, Pierre. *A Fala Sagrada*; mitos e cantos sagrados dos índios guarani. Campinas, Papirus, pp. 112-113.

cado financeiro, qual o valor dessa ação? Qual o lucro imediato ou perda contabilizada que advém do *belo gesto/palavra* que evita o apedrejamento da adúltera pobre?

A Beleza estética, ética e gratuita é descanso ativo, alimento revigorante para a mente, o coração e o espírito. É exorcismo do Mal, limpeza do mundo, purificação das relações. Restaurar a Beleza da natureza é profetismo. Restaurar a beleza do homem desfigurado pela dor, do rosto arranhado do pobre, das costas vergadas pela humilhação, dos desprezados pela sua cor, raça ou religião é *vocação cristã*. Promover a Beleza é missão criadora de oportunidades aos anseios pela felicidade. Quanto mais belo o mundo, mais belas as relações, mais bela a vida, mais felizes poderemos ser.

Na esteira de Hebreus 1,3, Dostoiévski diz: "A beleza salvará o mundo (...). Haverá algo mais belo que Cristo?" O resgate da Beleza de todos para todos culmina na Beleza do sacrifício solidário de Jesus. Ele carregou a cruz do mundo para libertá-lo das cruzes erguidas pelos homens. Nela aceitou morrer injustamente para que ninguém mais tivesse de ser sacrificado e morto por conta de injustiças. Para que todos pudessem, pelo poder da Beleza, sempre gloriosa, viver em um mundo mais belo. A Beleza restauradora e graciosa da cruz funda a convicção cristã na ressurreição do mundo e dos homens.

Com a tematização da Beleza, que perpassa toda a Escritura — do Gênesis ao Apocalipse —, encerramos esta primeira parte de nossas reflexões. Contudo, procuremos antes contemplá-la. Nos textos seguintes encontramos algumas das várias faces da Beleza: Sl 19; Sb 13; Livro de Rute; Cântico dos Cânticos; Mt 17,1-8; Mc 14,3-9; Lc 10,21-42; Ap 1-4.

Com certeza, todos sabemos quais são as questões mais importantes. Se quiser, antes de prosseguir a leitura, elenque grandes questões, as grandes perguntas que você já se colocou. Some a esse exercício uma rápida enquete feita com seus colegas de classe, amigos, familiares. Pergunte a eles quais são as grandes interrogações de suas vidas.

Como essas perguntas são formuladas por sujeitos individuais, grupos e povos, pode-se adotar tanto a forma singular quanto a plural. Entretanto, na medida em que expressam anseios particulares, mas que são próprios da coletividade humana, a forma plural nos parece a mais adequada. Além disso, ela indica que reconhecemos o fato de pertencermos a determinados grupos e que participamos da história e dos destinos comuns a toda a humanidade.

É mais que certo que, em sua comunidade, a Beleza também resplandeça na beleza das rugas e dos cabelos brancos dos velhos, na criança que aprende, na agitação dos jovens que procuram, na sabedoria dos simples, na solidariedade, no compromisso com a justiça.

A vitória do Bem contra o Mal é a Beleza restaurada. Ela irá acontecer. É graça que vem de Deus historicizada pela prática da aliança universal. O mundo dos homens, santo porque vem de Deus, será tão belo quanto uma esposa amorosa que se enfeitou para o marido amante. Novas bodas, um novo casamento será feito. É preciso preparar a festa, mas, antes, é preciso enfeitar o mundo, desenfeiando-o.

Vi então um céu novo e uma nova terra, pois o primeiro céu e a primeira terra se foram e o mar já não existe. Vi também descer do céu, de junto de Deus, a cidade santa, uma Jerusalém nova, pronta como uma esposa que se enfeitou para o marido. Nisto ouvi uma voz forte que, do trono, dizia:

"Eis a tenda de Deus com os homens.
Ele habitará com eles; eles serão o seu povo,
E ele, Deus-com-eles, será o seu Deus.
Ele enxugará toda a lágrima dos seus olhos,
Pois nunca mais haverá morte,
Nem luto, nem clamor, nem dor haverá mais.
Sim, as coisas antigas se foram" (Ap 21,1-4).

Resumindo

É necessário preservar a memória individual e a memória coletiva. Elas oferecem valores e significados ao imaginário e ao simbólico. A memória possibilita a conservação de experiências passadas que, de outra forma, poderiam se perder, para criativamente transformá-las em adubo a fim de fertilizar o presente e permitir a germinação do futuro.

A preservação crítica das distintas linguagens e dos vários comunicadores é necessária para o equilíbrio individual, para as relações democráticas interpessoais, grupais e internacionais.

A promoção da humanização passa pela libertação operada pela gratuidade da Beleza que restaura o homem e o mundo. O Belo, o Bom, o Justo e o Verdadeiro resplandecerão. É preciso preparar a festa, enfeitar o mundo.

Articulando conhecimento e vida

Você e sua comunidade poderiam:

a) Elaborar uma listagem das manifestações do mal apontadas *nas Escrituras* e outra nomeando o mal praticado *hoje*.

b) Em ambas as listagens: identificar as conseqüências do mal.

c) Finalmente, propor possíveis intervenções comunitárias para conter e debelar o mal.

A ação evangelizadora, que é anúncio da Boa-Nova, obra de Ungidos sobre os quais está o Espírito, passa pela reconstrução do mundo rumo à Terra sem Males.

VOCABULÁRIO

Alteridade: reconhecimento da identidade, dos direitos e da dignidade de outra pessoa que não eu, de outros grupos, do totalmente Outro.

Construtos simbólicos/construções simbólicas: conjunto de símbolos elaborados por um grupo social. Os símbolos são aqui entendidos como algo que pode ser percebido pelos sentidos (um som, um perfume, um gesto, um objeto) e que remete, evoca, lembra, faz presente uma realidade maior que sua forma ou matéria. Expressam as compreensões de mundo, os valores, as crenças do grupo.

Dicotomia: divisão em duas unidades, em dois ramos, separação, bifurcação.

Enquete: pesquisa de opinião.

Episteme: refere-se ao conhecimento, aos seus fundamentos e métodos de acesso.

Ética: estudo dos juízos de apreciação referentes à conduta humana suscetível de qualificação do ponto de vista do bem e do mal, seja relativamente a determinada sociedade, seja de modo absoluto. Refere-se aos fundamentos da moral.

Etnias: agrupamento humano que possui estruturas biológica, familiar, econômica, lingüística e cultural que são homogêneas, isto é, comuns e semelhantes.

Globalização: intenso intercâmbio econômico, tecnológico, cultural entre um número cada vez maior de países.

Imaginário: conjunto de imagens, idéias e interpretações. Refere-se às formas pelas quais as pessoas e os grupos sociais imaginam-se, ou seja, elaboram imagens mentais a respeito de si mesmos, dos outros, da vida social, do universo, do sagrado.

Indicadores: indicações, pistas, elementos que manifestam um fato.

Interação: ação exercida entre duas ou mais pessoas, entre dois ou mais grupos, entre dois ou mais sistemas. Influência recíproca, ou seja, de uns sobre outros.

Interlocução: conversa, diálogo.

Interlocutores: pessoas que conversam, dialogam.

Mônada (perdida): refere-se a unidades individuais no momento desagregadas umas das outras e, portanto, sem constituir ainda um todo harmonioso e complexo.

Mundaneidade: viver a mundaneidade quer dizer viver a vida humana própria e possível neste mundo, com tudo o que ele contém e em tudo o que ele implica.

Objeto formal: é o que *in*forma ou confere forma e sentido. Na perspectiva da fé, tratando-se da antropologia teológica, ele é constituído pela realidade que confere sentido e significado à vida humana. É Deus que, por meio de diferentes formas e linguagens, fala aos homens, dizendo-lhes quem são.

Objeto material: trata-se do assunto, do fenômeno, do ser que se estuda, busca-se compreender e explicar. No caso da antropologia teológica, como na antropologia em geral, trata-se do homem, da vida humana.

Parâmetros: conjunto de regras que definem limites, oferecem medidas, apontam para princípios que orientam a reflexão e a ação.

Princípio fundante: refere-se a fundamento, sustentação, raiz, fonte, alimento.

Protótipo: primeiro exemplar, primeiro modelo, o exemplar mais perfeito.

Psique humana: dimensão psíquica das pessoas. Nela estão articuladas, de maneira consciente ou não, a sensibilidade, a razão, as necessidades, as potencialidades. Designa o espírito humano, a mente, a alma, a consciência humana.

Significar: conferir sentido, significado, finalidade.

Simulacro (mundo do): o produto da simulação que aparenta e apresenta como sendo real o que é ilusão.

"Sinais dos tempos": refere-se ao discernimento, dom do Espírito, que possibilita aos homens a identificação da ação salvadora de Deus no mundo.

Subjetividade (dimensão constitutiva): refere-se à vida interior das pessoas. Nela estão as lembranças, emoções, valores, crenças, opiniões, desejos, medos, projetos etc.

Teorizar: ação de construir teorias e, a partir delas, explicar fenômenos ou acontecimentos.

Virtual (do mundo): expressão modernamente empregada para designar a criação de mundos artificiais pelo concurso da multimídia, ou seja, pela conjugação da palavra escrita ou falada, do som e da imagem. Exemplo: o mundo criado pelo computador no qual se "navega" em espaços, tempos e situações que somente são reais na tela da máquina.

Bibliografia

BALANDIER, Georges. *A desordem*; elogio ao movimento. Rio de Janeiro, Bertrand Brasil, 1997.

BOFF, Clodovis. *Teoria do método teológico.* Petrópolis, Vozes, 1999.

BOFF, Leonardo. *Ecologia: grito da terra, gritos dos pobres.* São Paulo, Ática, 1995.

————. *A voz do arco-íris.* Brasília, Letraviva, 2000.

BOURDIEU, Pierre. *O poder simbólico.* Rio de Janeiro, Bertrand Brasil, 1998.

CASSIRER, Ernest. *Ensaio sobre o Homem.* Lisboa, Guimarães Editores, 1995.

CHARDIN, Teilhard. *O fenômeno humano.* São Paulo, Cultrix, 1995.

CLASTRES, Pierre. *A Fala Sagrada*; mitos e cantos sagrados dos índios guarani. Campinas, Papirus, 1990.

COMBLIN, José. *O Espírito Santo e a libertação.* Petrópolis, Vozes, 1987.

————. *Antropologia cristã.* Petrópolis, Vozes, 1985.

DURAND, Gilber. *As estruturas antropológicas do imaginário.* São Paulo, Martins Fontes, 1997.

FREI BETO. *A obra do artista*; uma visão holística do universo. São Paulo, Ática, 1995.

HOBSBAWM, Eric. *Era dos extremos*; o breve século XX. São Paulo, Companhia das Letras, 1995.

RIBEIRO, Hélcion. *A condição humana e a solidariedade cristã.* Petrópolis, Vozes, 1998.

————. *Ensaio de antropologia cristã.* Petrópolis, Vozes, 1995.

RUBIO, Alfonso García. *Unidade na pluralidade.* São Paulo, Paulinas, 1989.

SARTORI, Giovanni. *Homo videns*; televisão e pós-pensamento. Lisboa, Terramar, 1999.

TRIGO, Pedro. *Criação e História.* Petrópolis, Vozes, 1988.

Referências

BÍBLIA DE JERUSALÉM. São Paulo, Paulinas, 1981.

COMPÊNDIO DO VATICANO II. Constituições, Decretos, Declarações. Petrópolis, Vozes, 1982.

JOÃO PAULO II. *Laborem Exercens.* São Paulo, Paulinas, 1982.

————. *Sollicitudo Rei Socialis.* São Paulo, Paulinas, 1988.

RENOLD J. BLANK

A DIMENSÃO ESCATOLÓGICA
DE NOSSA ESPERANÇA

ESCATOLOGIA

Capítulo primeiro

A RESSURREIÇÃO DE JESUS, FUNDAMENTO E BASE DE TODA ESPERANÇA ESCATOLÓGICA

1. A MORTE NÃO TEM A ÚLTIMA PALAVRA

"As pessoas morrem e não são felizes!" É esse o grito de desespero, formulado por Calígula, na obra de Albert Camus. Essa exclamação expressa a problemática da existência humana como tal. O escândalo daquilo que é a nossa vida e o questionamento de Deus.

Por que a pessoa humana deve morrer, quando, com todas as fibras de seu ser, gostaria de viver? E, como se isso não bastasse, por que deve morrer, sem ter alcançado, em tantos e tantos casos, aquilo a que sempre aspirou: a felicidade?

O grito dessas indagações percorre a história. Ele questiona as religiões, e não o patíbulo daquele que a religião cristã denomina como o nosso salvador, Jesus Cristo, que veio para superar a morte. Só que a morte continua existindo. Nós assistimos ao seu escândalo. Os meios de comunicação nos informam sobre a morte decorrente da fome, da violência, das doenças, das drogas. E cada um de nós sabe que também se aproxima daquele fim.

Onde, em nossa experiência do dia-a-dia, experimentamos uma superação da morte? Onde se manifesta a profunda verdade de nossa fé, de que a morte não tem a última palavra? O que respondemos àqueles que nos questionam, querendo respostas, quando estão sendo confrontados com a morte chocante e revoltante de um ente querido?

A única certeza que temos é a de que todos iremos morrer. Se nossa resposta se contentasse com essa constatação, em nada se distinguiria da resposta do ateu Camus. Todos os críticos da religião teriam razão, dizendo que a religião nada mais é do que um paliativo, um caminho de fuga, uma resposta sem valor.

CONFRONTADOS COM O ESCÂNDALO DA MORTE, O QUE PODEMOS RESPONDER DE ACORDO COM O ENFOQUE DA RELIGIÃO CRISTÃ?

Eis a indagação séria formulada por muitos daqueles que dizem ser cristãos, e nem por isso conseguem escapar de serem tocados pela morte. O que podemos responder? Como ir além da pura constatação de fatos? De que maneira acender uma esperança contra a cruel realidade da morte? Essa indagação ultrapassa o nível da pura antropologia. Ela se torna desafio, diante do qual a lógica se cala. E, como sempre, quando o nosso raciocínio chega aos seus limites, somos confrontados com o paradoxo de uma resposta que ultrapassa as respostas humanas, com sinais que ultrapassam os parâmetros de dimensões palpáveis das ciências experimentais. Deparamos com indícios de uma realidade cujas dimensões não podemos captar, com os instrumentos de uma antropologia quadrimensional. Sinais inegáveis que, apesar disso, escapam aos nossos detetores empírico-racionais.

PERANTE O ESCÂNDALO DA MORTE, EM QUE FATOS SE FUNDAMENTA A ESPERANÇA?

A morte se apresenta como fenômeno que ultrapassa o quadro da fenomenologia. Ela se torna pedra angular de uma esperança, cujas raízes vão além dos fatos, mas que, apesar disso, fundamenta-se em fatos. No entanto, em que fatos?

A maioria dos cristãos recorre à fé, quando indagados sobre os fundamentos de sua esperança, dizendo que "na ressurreição simplesmente se deve acreditar". E, conseqüentemente, deve-se acreditar também que Deus nos ressuscitará da morte. Tudo isso é uma questão de fé.

No fundo, têm razão, pois é uma questão de fé; mas será que essa fé deve ficar totalmente no ar? Será que seu único fundamento é uma convicção, para a qual realmente não há nenhuma prova empírica? Será que a sua única base são textos, os quais acreditamos serem sagrados, porque inspirados pelo Espírito Santo e que, por causa disso, dizem a verdade?

PERANTE O ESCÂNDALO DA MORTE, SERÁ QUE A ÚNICA BASE DE NOSSA ESPERANÇA RELIGIOSA É A CONVICÇÃO DE FÉ?

Mais uma vez, muitos cristãos responderiam a essa pergunta de maneira afirmativa. Grande número daqueles que se declaram adeptos de Jesus Cristo, no fundo, não se sente numa situação melhor do que os seus irmãos ateus. Estes mantêm a fé em que, depois da vida terrena, não há mais nada. Aqueles proclamam uma outra fé, em cujo centro há a esperança numa ressurreição. Os dois declaram que, para a sua respectiva fé, não existe qualquer prova empírica.

No que diz respeito aos ateus, até têm razão, porque ainda hoje não conhecemos uma prova empírica de que Deus não existe. Todavia, os cristãos ignoram, muitas vezes, que possuem uma prova concreta e convincente de que, depois da morte, a vida pode continuar. Conhecem uma prova empírica de que, pelo menos uma pessoa, Jesus Cristo, não ficou na situação de morte, mas voltou à vida depois de ter sido morto.

EXISTE UMA PROVA EMPÍRICA PARA A VIDA DEPOIS DA MORTE. MAS A MAIORIA DOS CRISTÃOS NÃO A CONHECE.

Estou chamando essa prova de "prova sociológica", porque ela se baseia nas estruturas de uma sociedade específica e numa época específica. Dá-nos a base para nossa esperança na ressurreição, e esta base não se apóia apenas numa convicção religiosa, mas também em fatos históricos. Exatamente aquilo de que as pessoas de hoje necessitam.

Articulando conhecimento e vida

MEDO – MORTE – RESSURREIÇÃO

1. Por que a morte, vista segundo o enfoque antropológico, permanece um escândalo?

2. Por que as pessoas têm medo da morte? O que causa esse medo?

3. O medo dos cristãos se distingue do medo dos não-cristãos? Por que sim? Por que não?

4. O que significa para você "crer na ressurreição"? Quais as conseqüências dessa fé para a sua vida?

5. O que você responderia a alguém que pede uma prova de sua fé?

---

2. PROVA SOCIOLÓGICA DA RESSURREIÇÃO DE JESUS

Os cristãos se acostumaram, durante uma história de dois mil anos, a ver na cruz o grande sinal de honra de sua religião. O símbolo venerável de um Deus que havia se tornado homem. O signo da graça divina, pelo qual a nossa redenção se havia confirmado. Tudo isso é verdade, mas em nada corresponde ao significado que essa cruz possuía, na época de Jesus.

Na Palestina de Jesus, a cruz não era símbolo de honra. Pelo contrário, era sinal de desprezo e de vergonha. Expressão do fracasso existencial de uma pessoa, de exclusão, de tal maneira que uma pessoa crucificada tornava-se desprezada e excluída de toda a comunidade humana. Quem era crucificado tornava-se uma "não-pessoa" aos olhos de seus contemporâneos, sobre a qual não se podia falar. Um crucificado devia ser extraído da memória do povo e esquecido por todos. Era esse o veredicto que pairava na cruz.

**SER CRUCIFICADO SIGNIFICAVA SER MALDITO E RE-
JEITADO PELO PRÓPRIO DEUS** (cf. Dt 21,23; Gl 3,13).

Além de todo esse julgamento social e político, pesava sobre o crucificado também o veredicto de Deus: "Maldito por Deus aquele que pende na
cruz!" (Dt 21,23). Quem era crucificado não era só rejeitado pelos homens
e suas instituições sociais, mas também por Deus: era maldito, cuspido
para fora e caído das mãos de Iahweh.

Assim a religião da época compreendeu a cruz, que se tornou a razão
definitiva pela qual o Templo, na época, fez tudo para que Jesus fosse crucificado. Porque, uma vez crucificado, ficava provado perante todos que
esse Jesus não era o Messias — um Messias não pode ser maldito por
Deus. Esse Jesus, porém, é maldito, porque pende na cruz: essa foi a interpretação da cruz, na época, e a convicção que foi proclamada pela instituição religiosa do Templo, em nome de Deus. "Um crucificado é um maldito por Deus. E de um maldito por Deus não se pode falar. Ora, deste
Jesus nunca mais se poderá falar."

Essa conclusão havia marcado também os seguidores de Jesus.[1] Para
eles, sua morte produziu uma crise em todos os níveis. Eles haviam confiado em Jesus, acreditando ver nele o Filho de Deus. Esse Filho de Deus,
no entanto, morreu a morte mais vergonhosa que se podia imaginar. Morreu
de uma morte da qual os próprios textos sagrados diziam que era sinal de
maldição por parte de Deus. Por último, o próprio Jesus, moribundo,
bradava da cruz aquele grito escandaloso de um abandonado por Deus:
"Meu Deus, meu Deus, por que me abandonaste?" (Mc 15,34; Mt 27,46).[2]

Diante desses fatos históricos desmoronou, de maneira total, a confiança em Jesus. Seus discípulos fugiram para a Galiléia e se calaram. Eles tinham visto, de perto ou de longe, como este Jesus morreu num último e
total abandono por parte de Deus. E alguém que morre assim não pode ser
aquilo que tinha pretendido: Filho de Deus. A própria morte na cruz, abandonado por Deus, provou que Deus não estava ao lado de Jesus.

**O FATO DE JESUS TER MORRIDO NA CRUZ SIGNIFICAVA
PARA OS DISCÍPULOS A MAIOR CRISE DE SUA FÉ. UM CRU-
CIFICADO NÃO PODIA SER FILHO DE DEUS E MESSIAS!**

---

[1] Um reflexo da interpretação religioso-social da cruz encontramos no grande texto do profeta
Isaías sobre o "Servo sofredor", no qual o profeta, séculos antes da sua visão se tornar
realidade, já descreve o desprezo que marcaria a atitude perante o Jesus crucificado: "Foi
desprezado e evitado pelos homens... nós pensávamos que fosse um chagado, golpeado
por Deus e humilhado" (Is 53,3-4).

[2] Sobre o significado desse grito, cf. SEGUNDO, Juan Luis. *A história perdida e recuperada de
Jesus*. pp. 284-289.

"Com a morte na cruz tinha terminado todo o prestígio de Jesus e, conseqüentemente, era eliminado da história também todo o seu projeto."[3] "Naquela sexta-feira, a causa de Jesus estava eliminada, morta, liquidada para sempre e para todos."[4] Era essa a situação e, perante ela, devemos voltar à nossa pergunta inicial: por que, ainda hoje, falamos de Jesus? Por que os discípulos dele, depois de terem fugido para a Galiléia, logo voltaram e começaram a proclamar sua fé nele? Eles não o fizeram por causa da cruz. Pelo contrário, voltaram a falar de Jesus, *apesar* da cruz.

A razão pela qual a causa de Jesus continuou não foi a cruz. Mas ela continuou! Os discípulos, depois de terem se escondido, começaram a falar dele, e a sua mensagem, de antemão, era destinada a ser rejeitada: *"... escândalo para os judeus, loucura para os pagãos"* (1Cor 1,23).

Como explicar tal ousadia? Como compreender a mudança na atitude dos discípulos? Como interpretar um comportamento cem por cento oposto àquele que pudemos observar alguns dias antes?

A única explicação razoável é aquela na qual todos os textos insistem: *depois* da morte vergonhosa de Jesus, deve ter acontecido algo que provocou uma mudança total na atitude de seus seguidores. *Depois* da cruz, os discípulos devem ter tido uma experiência que os convenceu de maneira tão absoluta que nem a cruz e sua sombra poderiam impedi-los de falar de Jesus. Qual foi essa novidade total? Em que consistia a experiência tão tremendamente nova, que até fez desaparecer todo o veredicto sociorreligioso da cruz?

Todos os textos que falam sobre Jesus são unânimes na resposta:

DEUS RESSUSCITOU JESUS!

Aquele Crucificado que estava morto e que havia morrido com um grito, depois de ter sido abandonado por Deus, voltou à vida. Quem, porém, havia causado tal evento nunca visto, era Deus. Aquele Deus, do qual todos haviam pensado que tivesse abandonado Jesus. Ressuscitando este Jesus, Deus prova que não o havia abandonado.

Marcados por essa experiência, os discípulos voltam a falar de Jesus. Voltam a transmitir sua mensagem. Contra todos os preconceitos religiosos e sociais existentes. Contra todas as evidências, começam a declarar o que logo se tornará o primeiro credo da Igreja primitiva: "Jesus de Nazaré... vós o crucificastes e o matastes" (At 2,23). "...mas Deus o ressuscitou" (At 2,24) "...e disso todos nós somos testemunhas" (At 2,32).

Falar de Jesus e de sua mensagem *depois* da cruz só era possível porque aconteceu algo tão grandioso que até superou o escândalo da cruz.

---

[3] BLANK, Renold J. O significado escatológico da ressurreição de Jesus. *Revista de Cultura Teológica*, 20 (1997) 81.

[4] Id., *Reencarnação ou ressurreição*. São Paulo, Paulus, 1995. p. 91.

Eis o fato: Deus ressuscitou Jesus! Esta é a razão pela qual seus seguidores voltaram a transmitir sua mensagem. Esta é a razão pela qual, hoje, fala-se dele: *Deus o ressuscitou*. Se Deus não o tivesse feito, nunca mais se teria mencionado a pessoa e sua mensagem. De um crucificado não se falava mais. Jesus teria desaparecido nos porões da história, assim como tantos antes dele e tantos outros depois.

Só que não aconteceu assim. Nós falamos de Jesus. Sua mensagem é viva. E ela é viva porque o próprio Deus a ratificou, ressuscitando-o. O fato histórico da existência do cristianismo é a prova da ressuscitação.

O FATO HISTÓRICO DE QUE, DEPOIS DA CRUZ, OS DISCÍPULOS VOLTARAM A FALAR DE JESUS, TORNA-SE SOCIOLOGICAMENTE A PROVA DE QUE A RESSURREIÇÃO REALMENTE ACONTECEU.

3. A RESSUSCITAÇÃO DE JESUS TORNA-SE A BASE PARA A ESPERANÇA DE NOSSA PRÓPRIA RESSUSCITAÇÃO[5]

Se Deus ressuscitou Jesus e se isso aconteceu com ele, temos um forte argumento para pensar que o mesmo será feito com cada um de nós. Pelo menos é assim que o apóstolo Paulo argumenta com toda a razão: "Deus, que ressuscitou Jesus da morte, ressuscitará também a nós pelo seu poder!" (1Cor 6,14).

A ressurreição de Jesus torna-se "a confirmação de toda a nossa expectativa escatológica individual. Toda ela seria ilusão e engano, se não tivesse acontecido essa ressurreição".[6] Também nisso, Paulo é muito convicto na sua argumentação:

> Se Cristo não ressuscitou, é vã nossa pregação e vã vossa fé. Seremos também falsas testemunhas de Deus, porque contra Deus afirmamos que ele ressuscitou Cristo dos mortos, a quem não teria ressuscitado, visto que os mortos não ressuscitam. Pois, se os mortos não ressuscitam, também Cristo não ressuscitou. E se Cristo não ressuscitou, vã é vossa fé, e ainda estais em pecado. E até os que em Cristo morreram pereceram. Se só temos esperança em Cristo para esta vida, somos os mais miseráveis de todos os homens. Mas, na verdade, Cristo ressuscitou dos mortos como primícias dos que morrem (1Cor 15,13-20).

A ressurreição de Jesus torna-se, assim, a base e a precondição de nossa esperança. Ressuscitando Jesus, o próprio Deus provou que é capaz de ressuscitar os mortos. Ele provou que ressuscita mesmo. Tendo como base esse fato, fica fundamentada a fé em que Deus ressuscitará as pessoas

---

[5] Insisto no termo "ressuscitação" e não no termo geralmente usado "ressurreição", para acentuar que se trata de um agir de Deus na pessoa morta. Não é a pessoa que ressuscita por atividade própria, ao contrário, é o Deus da vida que age, ressuscitando a pessoa que na sua morte perdeu toda e qualquer possibilidade de poder agir.

[6] BLANK, Renold J. O significado escatológico da ressurreição de Jesus. *Revista de Cultura Teológica* 20 (1997) 87.

humanas da morte. O nosso destino final não é a morte, mas a continuação desta vida numa nova forma, transformada pelo próprio Deus. Para essa esperança, temos uma prova irrefutável, histórica e inegável: o fato de Deus ter ressuscitado Jesus.

Ao ressuscitar Jesus, o próprio Deus confirma as grandes esperanças bíblicas: a esperança de que Deus não deixa os mortos na morte; a esperança de que Deus é fiel; a esperança de que Deus é o Deus da vida.

Articulando conhecimento e vida

CRUZ – RESSURREIÇÃO

1. Qual era, na época de Jesus, o significado de ser crucificado?

2. Como podemos explicar o fato de os discípulos de Jesus terem abandonado o seu Mestre na cruz?

4. Como explicar o fato de eles terem voltado a Jerusalém para dar testemunho de Jesus e de sua mensagem?

5. Qual é a prova sociológica da ressurreição?

6. O que significa, teologicamente, a fórmula: "Deus ressuscitou Jesus"?

---

4. A RESSUSCITAÇÃO DE JESUS CONFIRMA TAMBÉM AS ESPERANÇAS HISTÓRICAS DE QUE ESTE MUNDO VAI MUDAR

Além de todas as dimensões de esperança escatológica individual, a ressuscitação de Jesus confirma também as grandes expectativas sociais do povo, suas esperanças históricas e suas utopias escatológicas, tantas vezes postas em dúvida pelos acontecimentos históricos. Todas elas podem ser condensadas na expectativa de um *Reino de Deus.*

Desse Reino, a Escritura Sagrada já havia falado, de acordo com múltiplos enfoques. Podemos localizar inúmeras passagens tanto na Bíblia Hebraica (AT) como no Novo Testamento.[7]

Jesus viveu e proclamou as cinco grandes opções do Reino de Deus:

- opção pelos pobres;
- opção pelo serviço e contra o poder;
- opção pela misericórdia e contra o legalismo;

---

[7] O leitor poderá localizar em sua Bíblia as passagens que falam sobre o Reino de Deus. Para facilitar uma leitura seguida, transcrevo a maioria delas no final deste capítulo, pp. 93-94.

- opção pela justiça e contra a opressão;
- opção pela vida integral da pessoa humana.

Jesus viveu essas opções *em nome de Deus*. Em nome de sua concepção do Reino, formulada e transmitida com autoridade. Só que, com tal concepção do Reino de Deus, ele se colocava em oposição frontal à instituição religiosa de sua época, o Templo.

O Templo não formulou uma opção pelos pobres, mas sim contra eles. E tudo isso em nome de Deus:

- não sustentou o serviço, mas o poder;
- não optou pela misericórdia, mas pelo legalismo;
- não realizou a justiça de Deus, mas agiu de maneira injusta aos olhos de Deus;
- não promoveu a vida, mas a morte.

A oposição que se estabeleceu entre a mensagem de Jesus e a mensagem da instituição religiosa de sua época era, ao mesmo tempo, a oposição entre duas concepções de Deus. A grande questão era saber quem tinha razão. Será que Deus era assim como Jesus falou? Ou será que as características dele eram assim como o Templo o dizia?

No momento de sua morte na cruz, parece que o próprio Deus havia abandonado Jesus. Esse abandono, porém, só podia significar que Jesus não tinha razão e que o Templo tinha razão. Esse abandono por parte de Deus só podia desqualificar tudo aquilo que Jesus tinha dito e feito e confirmar a concepção do Templo. Era assim que todos o compreendiam. E, mais uma vez, se a história de Jesus tivesse terminado com a cruz, teria sido impossível que sua causa continuasse.

Entretanto, sua história não terminou assim. Deus o ressuscitou. E, com a ressuscitação, o próprio Deus confirmou perante o mundo inteiro, perante o Templo e perante os discípulos que a concepção de Jesus era certa e que o Templo havia se enganado. Ressuscitando Jesus, o próprio Deus confirmou que as opções dele eram as suas próprias.

Sendo assim, também aqueles que se declaram seguidores de Jesus devem começar a realizar as mesmas opções, pois o Reino de Deus é assim como ele declarou, e não como o Templo havia dito. Com isso, porém, confirma-se também o segundo grande eixo da esperança escatológica: a esperança para o mundo. Este mundo não ficará assim como é, entregue às forças dos poderosos, sujeito ao domínio daqueles que matam, excluem e oprimem. O último destino deste mundo será tal como Jesus o formulou: um Reino de Deus marcado pelo amor, pela misericórdia, pela justiça, pela verdade, pela fraternidade e pela paz. É assim que Jesus descreveu o Reino de Deus, que, conforme ele, já começou.

Ao ressuscitar o porta-voz dessa mensagem, o próprio Deus confirma, diante de todos, sua proclamação. O último destino do mundo e da história será como Jesus havia anunciado. A história da formação deste mundo já começou. Eis a segunda base de uma *esperança histórica* que ultrapassa toda dimensão puramente antropológica.

Tal esperança, porém, não ficará passiva. Ela se tornará o motor para um agir transformador, a partir do qual as situações históricas de morte serão transformadas em situações de vida. Esse agir transformador, porém, é exatamente aquilo para o qual Jesus incentivou os seus seguidores: *Vem e segue-me!*

Tal "seguimento" significa fazer o que que Jesus fez. E o que Jesus realizou, o próprio Deus o confirmou. Ressuscitando Jesus, Deus provou também esse último aspecto da mensagem de seu Filho. E nós somos escolhidos para continuar sua obra.

Articulando conhecimento e vida

AS OPÇÕES FUNDAMENTAIS DE JESUS
E A OPOSIÇÃO DO TEMPLO[8]

1. Quais eram as cinco opções de vida vividas e proclamadas por Jesus?

2. Em que sentido essas opções eram opostas às do Templo?

3. Qual é a relação entre as opções de Jesus e o desejo do Templo de matar Jesus na cruz?

4. Como apareceram as cinco opções de Jesus no momento de sua morte na cruz?

5. Qual é o significado da ressuscitação, perante a concepção do Reino de Deus, defendida por Jesus?

6. Como a concepção do Reino de Deus, proclamada por Jesus, está ligada às suas cinco opções de vida?

7. Em que sentido a ressuscitação de Jesus incentiva a uma esperança transformadora?

---

[8] Como leitura suplementar para responder às perguntas acima, recomendam-se as seguintes obras: CLÉVENOT, Michel. *Enfoques materialistas da Bíblia*. Rio de Janeiro, Paz e Terra, 1976; HOORNAERT, Eduardo. *O movimento de Jesus*. Petrópolis, Vozes, 1994; MORIN, Émile. *Jesus e as estruturas de seu tempo*. São Paulo, Paulinas, 1981; VOLKMANN, Martin. *Jesus e o Templo*. São Paulo, Paulinas, 1992; SICRE, José Luiz. *O Quadrante*. São Paulo, Paulinas, 2000. v. 2; BLANK, Renold J. *Escatologia do mundo*. São Paulo, Paulus, 2001.

O "REINO DE DEUS" NA BÍBLIA

Expectativas do "Reino de Deus" na Bíblia Hebraica (AT)

Ex 15,18; 19,6; Is 6,4; Jz 8,23; 1Sm 8,7; Sl 24,7-10; Ex 16,9; Sl 11,4; 103,19; 47,3; Jr 10,7-10; 1Sm 8,1-7.19ss; 2Cr 13,8; 2Sm 7,14; Sl 2,7; Mq 2,13; Ez 24,11; Is 40,9ss; 52,7; Sf 3,14ss; Zc 14,9; Is 24,23; Sl 47; 96,99; Dn 2,4-44; 7,4-27; Sb 3,8; 10,10; Sl 2,6; 110,2.

O "Reino de Deus" nos evangelhos

No Novo Testamento, a mensagem do Reino de Deus torna-se cerne e centro de toda a pregação de Jesus.

Mt 12,28: "Mas, se é pelo Espírito de Deus que eu expulso os demônios, então o Reino de Deus já chegou a vós".

Mt 19,24: "É mais fácil um camelo entrar pelo buraco da agulha do que um rico entrar no Reino de Deus".

Mt 21,31: "'Qual dos dois fez a vontade do pai' Responderam-lhe: 'O primeiro'. Então Jesus lhes disse: 'Em verdade vos digo que os publicanos e as prostitutas estão vos precedendo no Reino de Deus?'".

Mt 21,43: "Por isso vos afirmo que o Reino de Deus vos será tirado e confiado a um povo que produza seus frutos".

Mt 25,34ss: "Vinde, benditos de meu Pai, Recebei por herança o Reino preparado para vós desde a fundação do mundo. Pois tive fome e me destes de comer. Tive sede e me destes de beber. Era forasteiro e me recolhestes. Estive nu e me vestistes, doente e me visitastes, preso e vieste ver-me".

Mc 1,15: "Completou-se o tempo e o Reino de Deus está próximo. Convertei-vos e crede no Evangelho".

Mc 4,11: "A vós foi dado o mistério do Reino de Deus, mas aos que são de fora tudo se lhes propõe em parábolas".

Mc 4,26: "O Reino de Deus é como um homem que joga a semente na terra".

Mc 9,1: "Eu vos asseguro: alguns dos que aqui se encontram não morrerão antes de verem chegar com poder o Reino de Deus".

Mc 9,47: "E se teu olho for para ti ocasião de pecado, arranca-o. É melhor entrares com um só olho no Reino de Deus do que com dois seres lançado no inferno".

Mc 10,14: "Deixai as crianças virem a mim. Não as impeçais, pois delas é o Reino de Deus".

Mc 10,23: "'Jesus olhou em volta e disse aos discípulos: 'Como será difícil para os que têm riquezas entrar no Reino de Deus'".

Mc 10,24: "Os discípulos se espantaram com estas palavras. Jesus, porém, insistiu: 'Meus filhos, como é difícil entrar no Reino de Deus!'"

Mc 10,25: "É mais fácil um camelo passar pelo buraco da agulha do que um rico entrar no Reino de Deus".

Mc 12,34: "Jesus, vendo que ele tinha respondido com sabedoria, disse-lhe: 'Tu não estás longe do Reino de Deus'".

Mc 14,25: "Eu vos asseguro: Já não beberei do fruto da videira até o dia em que beberei vinho novo no Reino de Deus".

Mc 15,43: "Veio José de Arimatéia, um membro ilustre do tribunal dos judeus que também esperava o Reino de Deus. Ele entrou com coragem na casa de Pilatos e pediu o corpo de Jesus".

Lc 4,43: "É preciso que eu anuncie a boa-nova do Reino de Deus também às outras cidades, porque é para isto que fui enviado".

Lc 6,20: "Felizes sois vós, os pobres, porque vosso é o Reino de Deus".

Lc 7,28: "Eu vos digo: entre os nascidos de mulher, não há ninguém maior do que João. Mas o menor no Reino de Deus é maior do que ele".

Lc 8,1: "Logo depois, Jesus andava por cidades e povoados, pregando e anunciando a boa-nova do Reino de Deus".

Lc 8,10: "A vós foi dado conhecer os mistérios do Reino de Deus; aos outros, só em parábolas, de maneira que, olhando, não enxerguem e, ouvindo, não compreendam".

Lc 9,2: "E enviou-os para proclamar o Reino de Deus e curar os enfermos".

Lc 9,11: "Mas a multidão ficou sabendo e o seguiu. Jesus os recebeu, falava-lhes do Reino de Deus e curava todos os necessitados de cura".

Lc 9,27: "Eu vos asseguro: Alguns dos que aqui se encontram não morrerão antes de verem o Reino de Deus".

Lc 9,60: "Deixa que os mortos enterrem os seus mortos; tu, porém, vai e anuncia o Reino de Deus".

Lc 9,62: "Ninguém que põe a mão no arado e olha para trás serve para o Reino de Deus".

Lc 10,9: "Curai os enfermos que nela houver e dizei-lhes: 'O Reino de Deus está próximo de vós'".

Lc 10,11: "Até a poeira de vossa cidade, que se pegou aos nossos pés, sacudimos contra vós; mas sabei que está próximo o Reino de Deus".

Lc 11,20: "Mas, se é pelo dedo de Deus que expulso os demônios, então o Reino de Deus chegou até vós".

Lc 13,18: "A que se assemelha o Reino de Deus, e com que vou compará-lo?"

Lc 13,20: "Disse ainda: 'Com que vou comparar o Reino de Deus?'"

Lc 13,28: "Ali haverá choro e ranger de dentes, quando virdes Abraão, Isaac e Jacó e todos os profetas no Reino de Deus, ao passo que vós sereis lançados fora".

Lc 14,15: "Ouvindo isso, um dos convidados lhe disse: 'Feliz aquele que tomar refeição no Reino de Deus!'".

Lc 16,16: "A Lei e os Profetas chegaram até João. Desde então se anuncia o Reino de Deus, e cada um se esforça para entrar nele".

Lc 17,20: "Interrogado pelos fariseus, quando chegaria o Reino de Deus, Jesus respondeu-lhes: 'O Reino de Deus não vem ostensivamente'".

Lc 17,21: "Nem se poderá dizer 'está aqui'ou 'está ali', porque o Reino de Deus está no meio de vós".

Lc 18,16: "Deixai vir a mim as criancinhas e não as impeçais, pois o Reino de Deus é daqueles que são como elas".

Lc 18,17: "Eu vos asseguro: quem não receber o Reino de Deus como uma criança, jamais entrará nele".

Lc 18,24: "Vendo-o assim triste, Jesus disse: 'Como é difícil para os que têm riquezas entrar no Reino de Deus!'"

Lc 18,29: "Eu vos asseguro: não há quem tenha deixado casa, mulher, irmãos, pais ou filhos por causa do Reino de Deus, sem que receba muito mais neste tempo e, no mundo futuro, a vida eterna".

Lc 19,11: "Jesus acrescentou uma parábola, porque estava perto de Jerusalém, e eles pensavam que o Reino de Deus logo ia se manifestar imediatamente".

Lc 21,31: "Assim também quando virdes acontecer estas coisas, ficai sabendo que está próximo o Reino de Deus".

Lc 22,16: "Pois eu vos digo: nunca mais a comerei [a páscoa], até que ela se realize no Reino de Deus".

Lc 22,18: "Pois eu vos digo: não mais beberei deste vinho até que chegue o Reino de Deus".

Lc 23,51: "Ele não tinha concordado com a decisão dos outros nem com seus atos. Era de Arimatéia, cidade da Judéia, e esperava o Reino de Deus".

Jo 3,3: "Na verdade eu te digo: quem não nascer do alto, não pode ver o Reino de Deus".

Jo 3,5: "Na verdade eu te digo: quem não nascer da água e do Espírito Santo não pode entrar no Reino de Deus".

O "Reino de Deus" nos Atos dos Apóstolos e nas Cartas

Atos 1,3; 8,12; 14,22; 19,8; 20,25; 28,23.31; Rm 14,17; 1Cor 4,20; 1Cor 6,9; 1Cor 15,50; Gl 5,21; Cl 4,11; 2Ts 1,5.

Capítulo segundo

A GRANDE PROMESSA DO RESSUSCITADO: VIDA ALÉM DA MORTE PARA TODOS

1. A PROBLEMÁTICA DO CONFRONTO ENTRE FÉ E REALIDADE DA MORTE

Caso queiramos aceitar as argumentações do capítulo anterior, teremos na ressuscitação de Jesus a base para a fé em nossa própria ressurreição (cf. Jo 5,21; 6,39; 6,40).

No entanto, novamente essa fé se choca com um fato antropológico inegável: nós morreremos. Não apenas morreremos como também seremos sepultados. Diante desse cadáver colocado na terra, volta a indagação pela veracidade de nossa fé na ressurreição. Como manter uma tal fé diante da realidade inegável do cadáver? Como responder, com base nessa fé, à pergunta básica de toda pessoa que perdeu um ente querido?

O QUE ACONTECE COM OS NOSSOS MORTOS?

- Será que eles desaparecem para sempre?
- Será que eles entram em novos ciclos de reencarnação, de tal maneira que voltarão em outra época e em outra forma para viverem mais uma vida?
- Ou será que eles chegam a outras dimensões, das quais a religião cristã nos fala?

Três possibilidades. Três alternativas. Qual delas é a verdadeira? Quem tem razão? Os ateus, que ridiculizam nossa esperança no além? Os espíritas, que nos apresentam uma explicação aparentemente muito lógica, falando de reencarnações futuras? Ou a religião cristã, que situa o futuro do homem num além totalmente diferente, em dimensões novas, chamadas dimensões de Deus?

QUEM TEM RAZÃO?

A pergunta está sendo formulada. E, diante do fato de nossa morte, diante do fato da morte de nossos entes queridos, exige-se uma resposta.

O Apocalipse de João, numa visão grandiosa, apresenta-nos a imagem de "uma multidão imensa, que ninguém podia contar, gente de todas as nações, tribos, povos e línguas" (Ap 7,9), reunida em torno de Deus numa felicidade inimaginável. Esses povos "não mais terão fome nem sede, nem cairá sobre eles o sol nem calor algum" (Ap 7,16). Na imagem dessa multidão, o autor do Apocalipse quer transmitir aquilo que é o centro da *Boa-Nova* cristã. A certeza de que o nosso destino final não será em algum lugar assombroso, nem em um "xeol" despersonalizado e nem mesmo em uma nova vida terrena depois de mais uma reencarnação.

O nosso destino final é a comunhão pessoal e íntima com Deus. É esse o seu plano e é para isso que ele nos criou.

O plano salvífico de Deus é este: que nele e por meio dele cheguemos a nossa plenificação. Esta, no entanto, não é o resultado de centenas e milhares de vidas, vividas no decorrer de sempre novas reencarnações. Ela é dom e graça de um Deus que ama. De um Deus que se apaixonou por nós e que, por causa disso, nos ressuscitará depois de uma única vida, para que sejamos para sempre unidos a ele. Unidos com aquele que nos ama num êxtase de amor, pelo qual o apóstolo Paulo, balbuciando, só consegue dizer que "nem o olho viu, nem o ouvido ouviu, nem jamais penetrou no coração do homem, o que Deus preparou para aqueles que o amam" (1Cor 2,9).

Será que vai ser mesmo assim? Eis a pergunta inquietante, porque a realidade da morte, à qual nós assistimos, parece longe daquilo que confessamos em nossa fé. O que vemos é tristeza e dor. Assistimos a tentativas de esquecimento. Observamos a invenção de toda uma indústria de esquecimento, para a qual a morte não existe e não pode existir, porque os mortos não são mais consumidores.

Quando a morte nos separa de uma pessoa que amamos, sentimos a dor e o escândalo de tal separação. A morte é abominável e nenhuma força do mundo é capaz de eliminar sua absurdidade. A morte é um escândalo até para Deus.

No entanto, por que é assim? Qual a razão pela qual tantos cristãos esquecem a *Boa-Nova* de sua fé, de tal maneira que ela perde para muitos a força de consolação? Por que tantos cristãos só conseguem encontrar um consolo na expectativa errônea de que o morto reencarnará para uma nova vida? Que mecanismo impede tantos cristãos de superarem a dor pela força de sua fé?

2. A RESPOSTA DE DEUS DIANTE DA MORTE

Perante a morte, o próprio Deus está sendo desafiado. Ninguém pode banalizar a morte e a dor que ela gera. O próprio Deus não a banaliza.

O próprio Deus leva a morte a sério. E a leva tão a sério que, mediante Jesus Cristo, ele próprio passa pela experiência da morte. O próprio Deus morreu em Jesus Cristo e, se essa morte de Jesus, que era homem e Deus, tivesse sido sua última manifestação, então nossa fé realmente não teria nenhum consolo diante da morte. Nesse caso, de fato, nossa fé seria em vão, como o diz são Paulo em 1Cor 15,14.

Só que não foi assim. A morte de Deus não foi sua última palavra. Esta foi, como vimos no capítulo anterior, a superação da morte por meio da *ressurreição*. É na própria morte que Deus se revela mais forte que essa morte. Ele revela-se como um Deus que supera a morte.

O *Deus vivo* é o Deus da vida e não da morte. E, por causa disso, Jesus, verdadeiro Deus e verdadeiro homem, depois de sua morte, volta à vida. Nessa volta à vida, ele fundamenta nossa esperança de que também voltaremos à vida depois da morte. Sabendo que nossa fé é fraca, Deus nos deu uma prova de que ele é mais forte que a morte. Deus ressuscitou Jesus. Este Jesus era e é verdadeiro Deus e verdadeiro homem. E, como verdadeiro homem, ele não poderia ressuscitar por sua própria força, por isso, a Igreja primitiva insiste em dizer que Deus o ressuscitou.

Todavia, se Deus ressuscitou Jesus, então nós temos a prova de que esse Deus não deixa os mortos na morte. Se Deus ressuscitou Jesus, diz Paulo, então "ele também ressuscitará todos nós" (1Cor 6,14). Deus ressuscita os mortos para uma nova vida. E ele mostrou esse fato na ressurreição de Jesus. Por causa disso, nossa reflexão sobre o destino dos mortos é inimaginável sem a festa da Páscoa. Por causa disso, a morte perdeu o seu caráter fúnebre e nefasto.

Diante de uma pessoa morta, somos chamados em toda a nossa dor e em toda a nossa tristeza a lembrar aquilo que o próprio Deus provou com a ressurreição de seu Filho. Somos chamados a nos lembrar de que a morte não é o último passo, mas que, depois da morte, há uma ressurreição. As pessoas queridas, cuja morte deploramos, não estão mais mortas! Elas vivem. Estão vivas, porque Deus as ressuscitou da mesma forma como ressuscitou seu Filho Jesus.

Resumindo: O plano de Deus, uma única vida

O Deus vivo é o Deus da vida, ele não quer a morte. Deus é contra a morte. O seu plano para as pessoas humanas é que vivam para sempre numa dimensão de vida plena, junto com ele. Por causa disso, quando a morte acontecer, o próprio Deus intervirá, ressuscitando a pessoa que morreu.

A pergunta pelo destino de nossos entes queridos que já morreram se resolve quando olhamos o destino de Jesus. Ressuscitando Jesus, o próprio Deus provou que é capaz de ressuscitar mortos.

Se Deus ressuscitou Jesus, então ele é capaz de ressuscitar todos nós. É assim que Paulo argumenta. Por causa disso, não podemos compreender a morte sem compreender a Páscoa.

3. O ÚLTIMO DESTINO DAS PESSOAS QUE MORREM É A VIDA EM PLENITUDE

As pessoas que nós amamos são chamadas pelo próprio Deus a uma vida em plenitude. Deus o quer assim, porque ele é contra a morte. Ele "não é Deus de mortos, mas sim de vivos" (Mt 22,32). Eis aqui o núcleo daquilo que chamamos a "Boa-Nova de nossa religião".

> DEUS É CONTRA A MORTE. POR CAUSA DISSO, CHAMA AS PESSOAS QUE MORRERAM A UMA NOVA VIDA EM PLENITUDE.

A essa nova vida em plenitude, chamamos de "salvação". Deus quer a nossa salvação e quer que todas as pessoas sejam salvas.

> *"Portanto, assim como pela transgressão de um só, a condenação se estendeu a todos, assim também pela justiça de um só, todos recebem a justificação da vida"* (Rm 5,18; cf. Rm 11,32).

> *"...Deus nosso Salvador, ele quer que todos os homens sejam salvos"* (1Tm 2,3-4).

> *"Deus vivo, que é Salvador de todos os homens, sobretudo dos fiéis"; "O Salvador quer que todos os homens se salvem"* (cf. 1Tm 2,4; *Lumen Gentium*, n. 16).

> *"Todos os homens têm a mesma natureza e a mesma origem; redimidos por Cristo, todos gozam da mesma vocação e destinação divina"* (*Gaudium et Spes*, n. 288).

> *"Pois o que uma vez foi realizado pela salvação de todos deve, pelo tempo a fora, alcançar seu efeito em todos"* (*Ad Gentes*, n. 869).

> *"O motivo dessa atividade missionária está na vontade de Deus, que 'quer que todos os homens sejam salvos' "* (*Ad Gentes*, n. 879).

Apoiados nessa Boa-Nova, podemos superar a dor e o escândalo da morte. Apoiados nessa Boa-Nova, somos chamados a lembrar de nossos mortos a partir de uma atitude de alegria e de esperança. Em termos muito pessoais, tal atitude desperta em nós a lembrança da visão grandiosa de João. Isso porque podemos esperar que, *naquela grande multidão que ninguém podia contar*, encontraremos também as pessoas que já nos deixaram. E, ao mesmo tempo, poderemos esperar que nós mesmos, também no momento de nossa própria morte, faremos parte daquela multidão.

Uma multidão de pessoas felizes. Uma multidão de pessoas que chegaram à plenitude de sua vida e de sua felicidade. Uma multidão de pessoas que encontraram em Deus o êxtase final de um amor eterno e sem fim. Essa convicção de que pessoas amadas já chegaram a uma tal felicidade sem fim é razão suficiente para superarmos a dor e a tristeza. A expectativa de que eu mesmo também chegarei a um tal fim é razão suficiente para fazermos uma celebração festiva: a celebração de nossa ressurreição, a celebração da Páscoa, a celebração da força de nosso Deus, que supera toda morte. A celebração da vida, e de uma vida em plenitude. Para essa "vida em plenitude", porém, utilizaremos, na linguagem da esperança escatológica, o nome "Céu". O último destino da pessoa humana é o "céu".

Resumindo: Nosso destino, a vida em plenitude

Céu significa "vida em plenitude". Significa feliz reencontro com todos os nossos irmãos e todas as nossas irmãs.

Céu significa união pessoal com Deus, num êxtase de amor. Significa uma vida transformada, num mundo transformado por Deus.

Articulando conhecimento e vida

DEUS DA VIDA – SALVAÇÃO – CÉU

1. Como Deus mostra que é contra a morte?

2. Há uma ligação entre a ressurreição de Jesus e a promessa de uma vida plena depois da morte? Qual?

3. Mencione pelo menos cinco características dessa vida plena e, em seguida, estabeleça uma ligação entre as noções de "vida plena" – "salvação" – "céu".

4. O que diz Paulo sobre a situação denominada "céu"?

5. Descreva aquilo que na tradição cristã chamamos "a vontade salvífica de Deus".

6. Diante da morte de um ente querido, em que sentido essa "vontade salvífica de Deus" pode ser uma resposta à nossa dor?

---

4. SERÁ QUE TODAS AS PESSOAS HUMANAS ALCANÇARÃO ESTE ÚLTIMO DESTINO?

A grande promessa de nossa fé é esta: Deus quer a salvação de todos. Nossa grande esperança é que todos alcancem aquilo que Deus quer. Mas será que isso é possível? Será que todos, sem exceção, encontrar-se-ão depois da morte numa situação de vida plena, de felicidade plena, junto com Deus? Eis a grande indagação. E, mais uma vez, ela vem acompanhada por dúvidas e angústias. Isso porque, por quase dois mil anos, os cristãos se vêem ameaçados de previsões funestas, segundo as quais só poucos conseguiriam alcançar essa salvação.

Constatamos, de fato, um pessimismo acentuado dos cristãos em relação à probabilidade de sua salvação. A Boa-Nova de Jesus — de que o tempo de Deus já teria começado — perdeu-se, para muitos, numa mensagem de ameaças sombrias. O que responder? O que podemos esperar?

A doutrina da Igreja dá uma resposta bem clara: nunca se declarou de algum ser humano que não teria conseguido a salvação. Mas também nunca se declarou que todos se salvarão ou que serão salvos. A resposta à questão sobre se haverá pessoas humanas que não conseguiram a sua salvação só Deus sabe. A vontade dele é claramente esta: que todos sejam salvos.

Mas será que todas as pessoas concordarão com esta vontade? Será que todos e todas, na morte, aceitarão que Deus os salve? Eis a indagação inquietante, à qual não temos resposta definida. Somente podemos formular a nossa esperança. Qualquer outra expressão seria engano. Isso porque tanto no decorrer da vida como na morte a pessoa pode negar-se a Deus. Ou seja, é possível rejeitar a vontade salvífica de Deus em qualquer momento que se queira. No decorrer de toda a sua história com o gênero humano, Deus sempre respeitou a liberdade das pessoas. Por causa disso, podemos supor que vai agir assim também em relação à questão de nossa salvação definitiva. Deus a propõe, mas o homem pode rejeitar a sua proposta.

Por causa de sua liberdade, cada pessoa humana tem a possibilidade de negar-se a Deus, rejeitando seu projeto de salvação. Entretanto, quando uma tal rejeição é mantida pela pessoa até a sua última conseqüência, significa a rejeição da vida plena. Significa que essa pessoa rejeita de maneira totalmente consciente ser salva por Deus.

Deus oferece, depois da morte, uma nova existência de vida eterna e plena. No entanto, ao dizer que não quer uma tal vida, que não está interessado nela, o ser humano pode rejeitar aquilo que Deus oferece. Por meio de uma tal rejeição, até no momento limite de sua morte, criaria para si aquilo que na linguagem tradicional foi chamado de "Inferno".

DEUS QUER A SALVAÇÃO DE TODOS. REJEITANDO ATÉ NA MORTE A NOVA VIDA EM PLENITUDE OFERECIDA POR DEUS, A PESSOA CRIARIA PARA SI MESMA AQUILO QUE NA LINGUAGEM TRADICIONAL FOI CHAMADO DE "INFERNO".

A possibilidade de inferno existe, não a podemos negar. Podemos esperar que tal possibilidade não se torne realidade para ninguém. Para tal esperança, há muitas e boas razões. Contudo, seria errado dizer que a situação de inferno seja impossível. Possível é, porém, novamente devemos lembrar que a situação de inferno, caso ela se concretizasse para alguém, em nada remeteria ao ser humano fechado em um lugar, onde, à maneira de uma câmara de tortura medieval ou contemporânea, pessoas estariam sendo torturadas. Também não se trataria de um abismo dentro do qual Deus joga pessoas, condenando-as a uma existência eterna de punições. Uma tal imaginação é indigna de Deus, pois faz dele um Deus punidor, um sádico sem compaixão. E Deus não é assim. Por sua parte, ninguém será condenado a uma situação de pena eterna. Quanto a isso, as palavras de Jesus são bem claras.

Recuperando o seu significado original, podemos voltar a uma esperança escatológica em cujo centro não se encontra um Deus punidor, mas um "Deus de ternura e de amor".[1] "Tu, porém, és o Deus que perdoa, cheio de piedade e compaixão, lento para a ira e cheio de amor" (Ne 9,17).

A convicção esperançosa que transparece de textos como este, alcança o seu cume nas declarações do próprio Jesus sobre Deus. Nelas está presente um Deus que não condena, um Deus que ama, um Deus que faz de tudo para recuperar a ovelha perdida.[2]

Resumindo: Inferno

A Igreja nunca declarou que alguma pessoa estivesse em uma situação chamada de "inferno". Deus quer a salvação de todos. Caso a situação de inferno se concretize para alguém, isso não acontece porque Deus o quer, mas porque a própria pessoa rejeita, até na morte, tudo aquilo que ele lhe oferece.

Mediante tal rejeição, que se estende até o momento limite de sua morte, a pessoa humana criaria para si aquilo que na linguagem tradicional foi chamado de "inferno".

Em vez de ter medo, temos todo o direito de formular a esperança (nunca a certeza) de que uma tal situação não se concretize para ninguém.

Para essa esperança radical, encontramos argumentos nos próprios textos bíblicos sobre Jesus. Ele declara que não condena ninguém. Além disso, existem argumentos racionais e lógicos em cujo centro há a convicção de que o amor de Deus é mais forte do que qualquer obstinação do pecador. Também devemos perguntar se algum ser humano poderia ser feliz sabendo que outros irmãos e irmãs estão naquela situação horrorosa a que chamamos inferno.

5. PALAVRA DE JESUS: "DEUS NÃO CONDENA NINGUÉM"

Se alguém viver depois de sua morte uma situação de morte plena, em vez de vida plena, será porque a própria pessoa assim o quer. Será porque a pessoa, ela própria, rejeita com todo o seu ser a nova vida proposta por

---

[1] BLANK, Renold J. *Esperança que vence o temor*. São Paulo, Paulinas, 1995. p. 104.
[2] Sobre esse tema, ibid., pp. 110-123 e também pp. 83-88.

Deus. Deus nunca, jamais condenará alguém! A esse respeito, Jesus foi taxativo nas suas declarações: "Como o Pai ressuscita os mortos e os faz viver, também o Filho dá a vida a quem quer. Porque o Pai a ninguém julga, mas confiou ao Filho todo julgamento" (Jo 5,21-22).

Àquele que quer a vida, Deus dar-lhe-á, e esta é a palavra do próprio Jesus. Caso alguém precise ser julgado, será julgado pelo Filho de Deus, Jesus Cristo. Este, porém, declara de si que não julga ninguém: "Vós julgais segundo a carne, mas eu a ninguém julgo" (Jo 8,15).

Conforme o comentário exegético da Bíblia de Jerusalém, a palavra "julgo", neste texto, significa "condena", de tal maneira que a palavra de Jesus deve ser lida assim:[3] "Vós julgais segundo a carne, mas eu a ninguém condeno".

A mesma idéia está sendo exprimida também em Jo 3,17: "Deus não enviou o seu Filho ao mundo para condenar o mundo, mas para que o mundo seja salvo por ele".

Perante tais palavras, como é possível que tantos cristãos continuem deturpando a Boa-Nova da alegria proclamada por Jesus, transformando-a numa mensagem sombria, cheia de ameaças e tristeza?

SE DEUS ESTÁ DO NOSSO LADO, EXCLAMA PAULO, QUEM ESTARÁ CONTRA NÓS?

A única resposta possível a essa pergunta retórica é a exclamação: *ninguém!* Ninguém será contra nós. Ninguém acusará os eleitos de Deus; ninguém os condenará (cf. Rm 8,33); ninguém os separará do amor de Cristo (cf. Rm 8,35), porque "é Deus quem os justifica" (Rm 8,33). Essa é a profunda convicção de Paulo. Diante de um passado em que se fez da Boa-Nova de Jesus uma mensagem de ameaças e de terror escatológico, é urgente recuperar a convicção esperançosa de Paulo.

Sabendo que Deus é um Deus de amor, sabendo que Jesus Cristo é "aquele que morreu, ou melhor, que ressuscitou, aquele que está à direita de Deus e que intercede por nós" (Rm 8,34), temos todo o direito de formular junto a Paulo a grande interrogação-exclamativa de esperança vitoriosa: "Quem nos separará do amor de Cristo?" (Rm 8,35).

A única resposta possível é: ninguém! É esta a resposta que Paulo não cansa de repetir: "Estou convencido que nem a morte nem a vida, nem os anjos nem os principados, nem o presente nem o futuro, nem os poderes, nem a altura, nem a profundeza, nem nenhuma outra criatura poderá nos separar do amor de Deus manifestado em Cristo Jesus, nosso Senhor" (Rm 8,38).

---

[3] Cf. BÍBLIA DE JERUSALÉM, comentário exegético de Jo 8,15, letra "k".

Resumindo: "Deus não condena ninguém"

A justiça de Deus não é, nem no Antigo nem no Novo Testamento, uma justiça que quer condenar. Ela sempre aparece como justiça de amor que quer salvar. "O Filho do Homem veio para salvar o que estava perdido" (Mt 18,11):

— *a parábola da ovelha desgarrada* (Lc 15,1-6; Mt 18,2-14);

— *a parábola do filho pródigo* (Lc 15,11-32);

— *a parábola dos trabalhadores na vinha* (Mt 20,1-16);

— *o fariseu e o publicano* (Lc 18,10-14);

— *o amor de Deus em Jesus Cristo supera tudo* (Rm 8,31-39).

O perdão de Deus é gratuito. Essa gratuidade do amor de Deus chama a uma resposta gratuita da pessoa humana diante de Deus.[4]

Articulando conhecimento e vida

A JUSTIÇA DE DEUS E A QUESTÃO DO "INFERNO"

1. O que é "o projeto salvífico de Deus?"

2. Qual é a opinião de muitos cristãos sobre a probabilidade de serem salvos?

3. Será que Deus condena ao inferno?

4. O que significa "a pessoa cria para si o inferno"?

5. Como imaginar uma situação de "inferno"?

---

6. SERÁ QUE A MORTE SIGNIFICA ENTÃO UMA IGUALAÇÃO GERAL DE TODOS?

Diante de um tal otimismo de salvação, como nós o encontramos em Paulo, é compreensível a indagação de muitos cristãos: para que então se esforçar? Por que tentar viver uma vida digna dos parâmetros de Deus?

Seria possível responder a essa pergunta afirmando que Deus espera de nós uma resposta de amor. O amor age de maneira gratuita e não por causa de possíveis sanções ou punições. Mas, mesmo assim, permanece aquele problema que foi formulado de maneira magistral pelo poeta suíço Kurt Marti:

---

[4] O aprofundamento exegético dos textos mencionados encontra-se em BLANK, *Esperança que vence...,* cit., pp. 83-91; 110-123.

Seria conveniente para muitos senhores
se com a morte tudo fosse pago;
se a dominação dos senhores,
se a servidão dos servos
fossem ratificadas para sempre.
Seria conveniente para muitos senhores
se eles eternamente
continuassem senhores
em túmulos particulares e caros,
e os seus servos,

servos em valas comuns.
Mas
virá uma ressurreição,
virá bem diferente,
totalmente diferente do que pensávamos;
virá uma ressurreição que será
um levante de Deus contra os senhores,
e contra o senhor de todos os senhores:
a morte.[5]

O que está sendo formulado aqui em linguagem poética é a resposta magistral à indagação de que na morte haveria uma igualação geral de todos. A resposta é "não". A morte não significa que todas as diferenças entre as vidas humanas sejam simplesmente apagadas. A morte não significa a relativização de tudo. E a ressurreição à qual Deus nos destinou não quer dizer que a vida vivida fica sem importância nenhuma.

O contrário é a verdade. Na sua morte, confrontado com a vontade salvífica de Deus, a pessoa humana confronta-se exatamente com sua vida. Esse confronto e suas dificuldades são descritas na linguagem teológica pela imagem do "Purgatório". Na morte, a pessoa humana vive uma experiência de purgatório, e essa experiência depende, ponto por ponto, da vida que essa pessoa viveu.

6.1. A grande verdade daquilo que é a "situação de purgatório"

É essencial frisar que na doutrina cristã não se fala de reencarnação. O ser humano vive *uma única vida* e, depois dessa vida, encontra-se com Deus. Esse encontro, porém, em nada é aquele acontecimento aterrorizante, do qual muitos cristãos sentem medo até hoje. Nesse encontro, Deus oferece a possibilidade de um purgatório. Assim se realiza mais uma das grandes experiências que fundamentam a nossa esperança. A resposta de Deus aos fracassos humanos não é a exigência de a pessoa reencarnar para, assim, por meio de muitas vivências, evoluir e limpar o seu carma.[6]

A resposta de Deus à nossa vida fragmentada é aquilo a que chamamos "purgatório". Um passo dinâmico para a frente, e não a repetição de mais vidas humanas. Uma oferta digna de Deus. No passado, muitas vezes essa oferta foi apresentada em termos aterrorizantes e indignos de Deus. Por

---

[5] MARTI, Kurt. *Schon wieder heute*. Darmstadt, 1982. p. 55.

[6] Uma justaposição da doutrina da reencarnação com a doutrina cristã de ressurreição encontra-se em BLANK, Renold J. *Reencarnação ou ressurreição*. São Paulo, Paulus, 1995; Id. *A morte em questão*. São Paulo, Loyola, 1998. Cf. também: Hb 9,27: "Dado que *os homens morrem uma só vez*, e depois disso vem o julgamento, assim também Cristo se ofereceu, de uma vez por todas, para tirar o pecado"; cf. também CATECISMO DA IGREJA CATÓLICA, n. 1014: "Quando tiver terminado '*o único curso da nossa vida terrestre'* (LG 48), não voltaremos mais a outras vidas terrestres. '*Os homens devem morrer uma só vez'* (Hb 9,27). Não existe 'reencarnação' depois da morte".

causa disso, há muitos cristãos que hoje não querem nem mais falar de "purgatório". Eles rejeitam a idéia e nem sabem que com isso, rejeitam uma das mais profundas e ricas verdades de nosso discurso escatológico. Contra a tendência de ver na doutrina da reencarnação uma resposta às suas esperanças, contra a tendência, também, de negar a verdade de purgatório, devemos redescobrir o conteúdo rico dessa verdade. Esperança que vai muito além de qualquer idéia formulada nas doutrinas da reencarnação.

7. COMO ENTENDER O VERDADEIRO CONTEÚDO DA NOÇÃO DE "PURGATÓRIO"?[7]

7.1. Falar hoje de purgatório não cheira à Idade Média?

Nenhuma das noções escatológicas, com exceção da idéia do inferno, sofre hoje tanta rejeição como a profunda verdade sobre o purgatório. As pessoas não somente a rejeitam como até a acham ridícula. Será que elas têm razão?

Quando continuamos a imaginar o purgatório em termos de uma câmara de tortura ou de algum outro lugar de punição, onde almas estão sendo punidas por causa de pecados, então as pessoas de fato estão certas quando rejeitam tal idéia.

As imagens fantasiosas de purificação dolorosa através de fogo são imaginações medievais. Elas pertencem a um imaginário religioso ultrapassado.[8] Contudo, isso não significa que a idéia do purgatório em si seja ultrapassada. O que é antiquado, o que hoje cheira à Idade Média são as imagens por meio das quais o purgatório foi descrito no passado. O que, no entanto, em nada é ultrapassada é a idéia de "purgatório" em si. Ela contém profundas verdades teológicas e também psicológicas. A verdade de que é possível evoluir até depois da morte. A esperança em que tal evolução possibilite — até àqueles que não o conseguiram na vida —transformar sua personalidade conforme os critérios de Deus. A convicção, enfim, de que o encontro com Deus seja um encontro de amor que possibilite tal conversão no momento da morte; a consciência de que o encontro com uma pessoa amada pode doer. Tudo isso e muito mais está incluído nessa noção de purgatório. Noção infeliz, é verdade, e incompreensível

---

[7] A primeira publicação do texto deste capítulo encontra-se em: BLANK, Renold J. Purgatório, uma profunda e fascinante verdade de nossa fé. *Missioneira,* revista trimestral do Instituto Missioneiro de Teologia, n. 17, Santo Angelo, outubro 1999. Para a presente publicação, certas afirmações foram novamente redigidas e ampliadas.

[8] Sobre a gênese da noção do purgatório, cf. o excelente estudo de LE GOFF, Jacques. *O nascimento do purgatório.* Lisboa, Estampa, 1993. Uma grande parte dessas noções tem suas raízes nas pseudo-epigrafias dos dois séculos antes de Cristo, com todo o seu conteúdo apocalíptico. De todos esses textos, era sem dúvida a chamada *Apocalipse de Paulo,* do século III, que tinha maior influência para a formação de um tal imaginário sobre purgatório.

para muitos. Aquilo, porém, que a noção quer exprimir, é talvez a verdade mais rica e mais profunda de todas as proclamações escatológicas individuais.

7.2. Por que muitos cristãos não acreditam mais no purgatório?

Numa época marcada por tecnologia, informática e telefone celular, as pessoas rejeitam imagens indignas e superadas pelas quais foi descrito o purgatório. Muitos cristãos, instintivamente, sentem que existe uma contradição e estão reagindo. Sua reação é a rejeição. Eles têm razão de rejeitar imagens superadas. No entanto, enganam-se quando, por meio da imagem, rejeitam também o conteúdo que ela exprime.

> **É NECESSÁRIO REJEITAR AS IMAGENS MEDIEVAIS DE UM ESTADO DE PURGATÓRIO MARCADO POR TORTURAS E FOGO. CONTUDO, ISSO NÃO SIGNIFICA QUE SE POSSA REJEITAR O CONTEÚDO EXPRIMIDO POR ESSAS IMAGENS!**

7.3. Será que a idéia do "purgatório" tem fundamentos objetivos que a podem sustentar?

Depois de uma longa história teológica, a concepção de um "purgatório" foi definida pela primeira vez em 1254, numa carta do Papa Inocêncio IV ao cardeal Eudes de Chateauroux. Em 1274, o segundo Concílio de Lyon, dentro do contexto da união entre a Igreja grega e latina, fala "das penas do purgatório". Isso num anexo da Constituição *Cum sacrosancta.* Em 1439, o Concílio de Ferrara-Florença volta a falar de um "purgatório", e o Concílio de Trento, em 1563, define a formulação definitiva. É importante lembrar que nunca, nessas definições dogmáticas, está sendo mencionado que haja fogo no purgatório ou que seja um lugar.

> **NUNCA, EM NENHUMA DEFINIÇÃO DOGMÁTICA SOBRE O PURGATÓRIO, FOI DITO QUE SE TRATA DE UM LUGAR OU MESMO DE UM LUGAR QUE HAJA FOGO.**

Em termos dogmáticos, poderíamos dizer que a verdade do purgatório é, de fato, *uma verdade da fé*, sim. Entretanto, a fé não é algo irracional ou absurdo. A fé não contradiz a razão e, por causa disso, existem de fato muitos argumentos racionais que podem ser mencionados para sustentar aquilo que a palavra "purgatório" quer exprimir.

Ainda dentro do campo de fé, *há textos bíblicos* que tratam do tema: no AT, é 2Mc 12,41-46, único texto do AT reconhecido por Tomás de Aquino e Agostinho como prova bíblica do purgatório. No NT, podemos citar Mt 12,31-32 e Lc 16,19-26: trata-se do "seio de Abraão", mencionado nesse texto, que se tornou a primeira base cristã para a crença num "purgatório".

O texto de 1Cor 3,11-15 forneceu a base para a imagem do fogo: "Se a obra construída sobre o alicerce resistir, o seu autor receberá uma recompensa; se a sua obra foi consumida, ele sofrerá a sua perda; *quanto a ele, será salvo, mas como através de fogo".*

Mas, além disso, é também esse texto de Paulo que justifica a profunda esperança além de toda esperança, de que Deus possibilita a salvação até daqueles cuja vida se *compara* à palha, porque não corresponde aos critérios divinos. Aquilo que fizeram desaparecerá como palha, usada como material de sustento pelo artista que derrete ouro para formar uma obra de arte. A sua vida não é obra de arte nenhuma, revela-se sem valor aos olhos de Deus e por causa disso desaparecerá. A conscientização, pela qual a pessoa passa nesse momento, pode doer como fogo. Ela mesma, porém, será salva. A imagem usada por Paulo nos dá profundas informações sobre aquilo que é o verdadeiro significado do assim chamado purgatório.

Além do texto de Paulo, podem ser mencionados ainda: Mt 12,40; At 2,31; Rm 10,7. São textos que fundamentam nossa fé. O que dizer, no entanto, a pessoas que nem aceitam tais textos e muito menos acreditam em dogmas da Igreja? Para tais pessoas, é bom lembrar que *a crença numa situação chamada purgatório pressupõe a fé na ressurreição e numa vida depois da morte.* Além disso, pressupõe a crença numa única vida, vivida antes dessa vida eterna, excluindo de antemão a idéia de várias reencarnações.

Tais argumentos são religiosos e podem talvez ser aceitos por pessoas que são religiosas, sem serem adeptas da fé católica. O que dizer, no entanto, às pessoas que rejeitam a fé? Há, de fato, alguns argumentos que não soam absurdos para tais pessoas:

— Do ponto de vista ético, a idéia do purgatório inclui a idéia de que a pessoa humana é responsável pelos seus atos e de que a morte não significa nem igualação de todos nem desaparecimento no nada.

— Há, além disso, a idéia de que existe uma solidariedade indestrutível entre os vivos e os seus irmãos e irmãs já falecidos.

Nessa perspectiva, na obra *Confissões,* Santo Agostinho desenvolve uma reflexão sobre o purgatório, já encontrada antes dele no AT.[9]

7.4. Quem faz a experiência de purgatório? Haveria pessoas que não passam por ela?

Conforme o ensinamento da Igreja, toda pessoa, na morte, tem *mais uma possibilidade* de realizar uma última conversão e evolução, para adequar-se aos critérios de Deus. Existe, no entanto, a possibilidade de a pessoa não querer realizar tal processo. Ela se fecha em si mesma, rejeitando tudo o que está sendo oferecido por parte de Deus. Essa pessoa criaria

---

[9] Cf. Ml 3,18-20 e 2Mc 12,41-46.

para si mesma aquela situação, que na teologia tradicional chamamos de "inferno", e sobre a qual já se comentou no capítulo anterior. Ela rejeitaria aceitar a possibilidade de purgatório oferecida por Deus. Esse agir humano na morte é imaginável como possibilidade, pois supõe-se que ninguém aja assim nesse caso. No entanto, se uma pessoa, até na morte, optar por tal rejeição de tudo aquilo que Deus oferece, é claro que não passaria pela experiência chamada purgatório. Ela rejeitaria essa oferta de Deus.

Há ainda outra possibilidade: a de que a pessoa na morte já corresponda com toda a sua vida e toda a sua personalidade aos critérios de Deus. Essa pessoa, é claro, também não precisaria realizar uma última conversão na morte. Ela não precisaria evoluir, porque já alcançou o nível de uma evolução plena na vida. A probabilidade de isso acontecer é muito remota. A Igreja declara que é o caso de Nossa Senhora, Maria, a mãe de Jesus.

7.5. Quando é o purgatório? Depois da morte? Alguns dizem que o purgatório é aqui mesmo!

A experiência a que chamamos "purgatório" realiza-se numa situação chamada "na morte". A pessoa já saiu das dimensões de espaço e de tempo. Ela está na eternidade, encontrando-se com Deus na pessoa de Jesus. É nesse "momento atemporal" que pode acontecer o "purgatório". Sendo assim, as noções de tempo, assim como nós as conhecemos, não mais devem ser aplicadas à situação chamada purgatório. É uma experiência fora do tempo. A imagem medieval, conforme a qual as pessoas ficam um tempo determinado no purgatório, é uma imagem, nada mais. A experiência de purgatório não se pode medir em termos temporais, mas em termos de intensidade.

7.6. Em que consiste então a experiência chamada "purgatório"?

Na situação da morte, fora das dimensões de tempo, a pessoa encontra-se com Deus. Nesse primeiro encontro, ela percebe a distância que a separa dos parâmetros formulados por Deus. Ela compreende quanto lhe falta para corresponder a esses parâmetros. Deus imaginou a pessoa de uma certa maneira. Em vez de ter construído na vida aquela personalidade, em vez de ter vivido uma vida conforme tais parâmetros, a pessoa, na morte, fica diante dos fragmentos de uma vida que em muito não corresponde aos critérios de Deus. Isso significa que a pessoa não evoluiu o bastante. A sua vida ficou fragmentária. A sua personalidade não se tornou uma personalidade plena, ela não corresponde aos parâmetros estabelecidos e proclamados por Deus.

Apesar disso, porém, Deus quer que os seres humanos tenham uma vida em plenitude, aquilo a que nós chamamos de "salvação". A grande questão que se põe, então, é esta: como um ser humano poderá agora mudar a sua personalidade para que corresponda aos parâmetros de Deus? A pessoa morreu. A vida passou. O que fazer?

Mais uma vez, não é mediante novas reencarnações que uma evolução é possível, mas por meio de uma experiência nova e em novas dimensões. Experiência esta a que chamamos purgatório. Ela implica uma dinâmica que ultrapassa em muito tudo aquilo que seria a repetição de mais uma vivência humana na vida terrena.

É no momento da morte que Deus oferece a cada pessoa mais uma última oportunidade de converter a sua personalidade, para que ela corresponda aos seus critérios. Deus oferece uma última oportunidade para que a pessoa possa evoluir. É muito importante ter claro que *Deus oferece, ele não dá*. Deus formula uma proposta, por assim dizer, mas a pessoa humana está livre para aceitar essa proposta. No entanto, conforme a personalidade que a pessoa tenha construído no decorrer da vida, aceitar essa proposta de Deus talvez não seja assim tão fácil. Um ser humano que durante toda a sua vida rejeitou aquilo que Deus propunha, na morte, é marcado por essas milhares e milhares de decisões opostas a Deus. Para que seja capaz de aceitar aquilo que no decorrer de toda uma vida sempre rejeitou, deve passar por um processo de conversão.

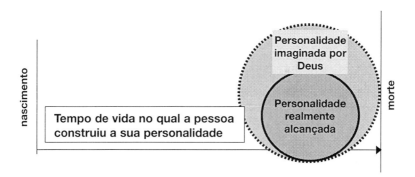

Conforme a vida vivida, conforme a estrutura de personalidade que o homem ou a mulher construiu no decorrer da vida, essa última conversão, essa última evolução lhe será mais difícil ou mais fácil, e, talvez, precisará de uma mudança total de parâmetros de personalidade, de atitudes e de valores. A conversão na morte pode doer. É essa dor que está sendo de chamada de a "dor do purgatório". É a dor de encontrar-se com o amor de Deus e de constatar quão pouco, na vida, correspondeu a esse amor. É a dor de aceitar a própria nulidade perante Deus, acompanhada da necessidade de se jogar nas mãos de Deus, numa confiança incondicional. É a dor de admitir que tantos e tantos critérios e atos próprios eram errados. É a dor de tornar-se pobre diante de Deus. A dor de perdoar a todos e pedir perdão a todos aqueles que nós magoamos na vida.[10] Tal dor pode ser forte "como fogo". É dessa imagem que surge a idéia de um "fogo" do purgatório.

Fica evidente que a pessoa humana, na morte, também tem a liberdade de negar-se a passar por tal conversão. Ela, até na morte, pode negar-se a aceitar os critérios e parâmetros de Deus. Nesse caso, entraríamos na problemática daquilo que a teologia tradicional chama de "inferno".

7.7. Afinal de contas, todos, bons e maus, na morte têm a mesma chance?

Na morte, Deus oferece novamente a todos uma nova chance: aos bons e aos maus. Mas, apesar disso, a chance não é a mesma. Aquela pessoa que, em vida, tentou organizar-se conforme os critérios de Deus, aquela pessoa que, em vida, formou a sua personalidade em sintonia com os parâmetros divinos, essa pessoa terá menos dificuldade em aceitar esses parâmetros na morte. Entretanto, a pessoa que nunca na vida se orientou conforme os parâmetros de Deus terá muito mais dificuldades em aceitar esses parâmetros na morte. É um pouco como no esporte: quem treinou antes da competição tem mais facilidade de passar pelas provas do que aquele que nunca antes treinou.

7.8. Qual é a diferença entre purgatório e aperfeiçoamento mediante a reencarnação?

Há uma profunda diferença entre ambos, e muitos cristãos nem sabem disso. A doutrina da reencarnação declara que, depois da morte, a pessoa deve voltar para outras vivências em outros corpos. No decorrer dessas novas vivências, ela pode evoluir, limpando o seu carma. Quando ela, depois de muitas e muitas vivências, alcançou o nível de uma evolução plena, as reencarnações acabam e a pessoa pode gozar de uma vida plena. Quantas vivências sucessivas serão necessárias até que se alcance esse nível de evolução plena e se os ciclos reencarnacionistas jamais terminarão, na realidade ninguém sabe. Teoricamente, não há limites no possível número de reencarnações, porque não há limites de evolução.

7.9. A doutrina católica do purgatório é oposta a toda concepção reencarnacionista

A doutrina católica do purgatório, em total oposição à concepção da reencarnação, é marcada pela esperança. Mantém a idéia de que a pessoa humana vive uma única vida terrena, que em termos do reencarnacionismo,

---

[10] Uma abordagem mais profunda do tema encontra-se em: Blank, Renold J. *Escatologia da pessoa.* São Paulo, Paulus, 2000.

é uma única vivência. Depois desta única vida, na morte, o homem se encontra com Deus. Junto com Deus e diante dele, este homem julga, conforme os critérios de Deus, a sua vida vivida. E, caso esta vida não corresponda em tudo a estes parâmetros, Deus possibilita à pessoa uma evolução dinâmica para a frente, para o novo. Esta evolução, porém, não é a volta às dimensões já conhecidas de uma vida humana. Ela é algo totalmente novo. É um processo qualitativamente novo que se realiza dentro de novas dimensões, fora da esfera de vidas ou vivências terrenas. O processo não consiste na repetição de parâmetros já conhecidos. Ele está um passo à frente. Avança em dimensões novas, nunca vividas, dimensões abertas para uma nova maneira de ser junto com Deus. A este processo novo e criativo, de evolução e conversão, a Igreja chama de "purgatório".

PURGATÓRIO, ÚLTIMA POSSIBILIDADE DE CONVERSÃO E EVOLUÇÃO NA MORTE

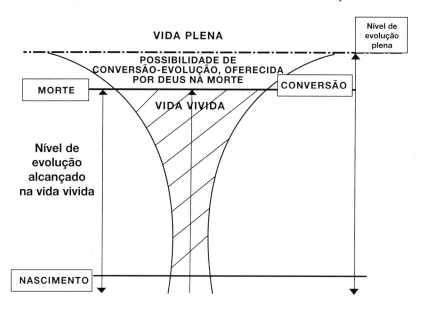

7.10. Na tradição cristã católica, como compreender as imagens tradicionais de um purgatório de fogo?

A experiência chamada purgatório não é uma experiência de fogo, mas uma experiência *"como* fogo". O fogo é uma imagem, um símbolo para exprimir de maneira ilustrativa algo que não tem nada a ver com fogo verdadeiro. O problema é que no decorrer dos séculos, a consciência de que o fogo do purgatório era uma imagem, uma metáfora, se perdeu. As pessoas começaram a imaginar um purgatório em termos de um lugar onde haveria um fogo verdadeiro, e isso é totalmente errado. Cabe mencionar que a Igreja nunca, em nenhuma definição dogmática do purgatório, fala de lugar ou de fogo.

A concepção entrou no imaginário cristão por causa da iconografia e sobretudo também por causa do teatro litúrgico medieval, fato, hoje, ignorado pela maioria, que desconhece aquele teatro e seu realismo.

7.11. Tem sentido rezar pelos mortos, pelas "almas" do purgatório?

Tem sim, e a Igreja, na sua profunda sabedoria, sempre mantém viva essa idéia. Só que, não é pela alma sozinha que devemos rezar, mas pela pessoa inteira, em todas as suas dimensões: corpo e alma. Isso porque nunca haverá almas sozinhas na eternidade. O que há ali, são pessoas inteiras e globais que se encontram com a pessoa de Deus.[11]

As nossas orações pelos mortos são atos de solidariedade com eles. Por meio delas, podemos nos tornar solidários com os falecidos, ajudando de uma forma que não podemos imaginar, no momento da última conversão. A nossa solidariedade, exprimida pela nossa comunhão com o Corpo Místico da Igreja, pode ajudar os que já morreram, para que eles ou elas sejam capazes de realizar aquela última conversão ou que lhes seja mais fácil de realizá-la. Nesse sentido, é muito importante rezar pelos mortos, mas rezar não só por aqueles "que morreram na paz do Senhor", e sim sobretudo por aqueles que morreram cheios de ódio contra Deus, por aqueles que negaram Deus, que rejeitaram Deus, que o combateram. Rezar por aqueles que morreram desesperados, amaldiçoando Deus, sem nenhuma paz. É por esses irmãos e essas irmãs que também devemos rezar. Se, para Deus, tempo não existe, não importa o momento de minha oração. Para a pessoa humana, o seu efeito sempre será no momento certo.

É essencial que os cristãos recuperem a grande e profunda verdade de nossa fé sobre a experiência a que chamamos "purgatório". Ao descobrir a riqueza daquilo que a Igreja nos apresenta sob essa sigla, é de novo possível redescobrir a mensagem cristã como uma *Boa-Nova*. No centro dela, há a verdade maravilhosa de um Deus que nos ama. Ele não nos criou para que cada um de nós realize sua plenitude por meio de ciclos infinitos de reencarnações. Ele nos criou com o único objetivo: que este ser humano incompleto alcance em seu Criador a plenitude eterna.

> **DEUS NÃO NOS CRIOU PARA QUE CADA UM DE NÓS REALIZE A SUA PLENITUDE POR MEIO DE CICLOS INFINITOS DE REENCARNAÇÕES. ELE NOS CRIOU COM UM ÚNICO OBJETIVO: QUE ESTE SER HUMANO INCOMPLETO ALCANCE EM SEU CRIADOR A PLENITUDE ETERNA.**

---

[11] Sobre esse assunto, cf. o subtema do presente livro. *Em que consiste, então, o "juizo final"?* (p. 120). Uma abordagem mais aprofundada encontra-se em: BLANK, *Escatologia da pessoa*, cit., e Id. *A morte em questão*. São Paulo, Loyola, 1998. pp. 24-39.

Esse Deus se apaixonou por nós numa paixão que nem podemos imaginar. Que apaixonado seria aquele que deixaria passar um período indefinido de reencarnações até reunir-se com o ser que ama? Uma única vida já é o bastante. Uma única vida, a partir da qual Deus quer que o ser humano seja amparado no seu amor e — tenho a ousadia de o exprimir — que Deus seja amparado no amor do ser humano. É este o nosso último destino: ser amparado no amor e na plenitude da vida, que se chama Deus, a ressurreição e a vida para todos nós.

Resumindo: O purgatório[12]

1. A reencarnação não existe
O que existe é uma possibilidade de evolução muito mais dinâmica e mais esperançosa chamada purgatório! Mas purgatório não é nem câmara de tortura nem lugar; tampouco está ligado ao tempo.

2. O purgatório, uma realidade iluminada pela fé e pela esperança
Resposta cristã à indagação de como os pecadores, na morte, podem alcançar a salvação:
- *por meio de uma última possibilidade de conversão;*
- *mediante um processo de evolução, rumo à vida em plenitude;*
- *na morte, essa possibilidade é oferecida por Deus a cada ser humano.*

3. O purgatório, um processo dinâmico e global
No decorrer dele, o homem pode alcançar a plenitude de sua vida numa dimensão:
- *fora do tempo;*
- *junto com Deus;*
- *com a ajuda de Deus.*

4. A "dificuldade" dessa conversão-evolução
Na morte, a pessoa tem aquele caráter e aquela personalidade que fez de si mesma no decorrer da vida. Conforme a estrutura de sua personalidade, será mais ou menos difícil aceitar a oferta de uma última conversão-evolução:
- *A pessoa que, durante a vida, aceitou as propostas e os parâmetros de Deus, irá aceitá-los sem grandes dificuldades também na morte.*
- *Já a pessoa que, no decorrer da vida, rejeitou e negou tais parâmetros, terá mais dificuldades em aceitá-los na morte. Ela precisará "converter" características e elementos de sua personalidade.*
- *Esse "converter-se" pode ser um processo doloroso.*

---

[12] O esquema aqui apresentado, junto com a fundamentação teológica, encontra-se em BLANK, *Escatologia da pessoa*, cit.; ver também, do mesmo autor, *Reencarnação ou ressurreição*, cit.

> ## Articulando conhecimento e vida
>
> ### A PROFUNDA VERDADE SOBRE O "PURGATÓRIO"
>
> 1. Por que a doutrina do purgatório é uma doutrina de esperança?
>
> 2. O que a Igreja declarou sobre "purgatório"?
>
> 3. Qual o significado do texto de Paulo em 1Cor 3,31ss?
>
> 4. Como a pessoa humana, com a sua personalidade desenvolvida e formada no decorrer da vida, encontra-se diante de Deus, na morte?
>
> 5. O que significa a expressão "os parâmetros de Deus", ou "os critérios de Deus"?
>
> 6. Por que é errada a idéia de que o purgatório é um lugar com fogo?
>
> 7. O que significa a expressão "A experiência de purgatório consiste numa última conversão, oferecida por Deus na morte"?
>
> 8. Por que tem sentido rezar pelos mortos?
>
> 9. O que podemos fazer para que a profunda verdade sobre a experiência de "purgatório" possa ser de novo compreendida e assimilada pelos cristãos?
>
> 10. Como podemos apresentar a doutrina do purgatório como a grande resposta cristã de esperança, em oposição à doutrina da reencarnação?

8. ONDE, NESSA CONCEPÇÃO, FICA O "JUÍZO PARTICULAR"?

Por um discurso de séculos, fomos acostumados a pensar nos acontecimentos escatológicos em termos temporais, como se para Deus ainda houvesse tempo. Na realidade, no momento da morte a pessoa humana sai das dimensões de espaço e de tempo. Ela entra numa nova dimensão, desconhecida para nós, a que chamamos "eternidade".

A eternidade, por definição, está sendo compreendida como dimensão sem tempo. Nessa dimensão, não há sucessão de momentos, mas unicamente o "agora" do Deus eterno. Quando a pessoa humana se encontra com esse Deus, esse encontro não é um drama com cenas sucessivas, das quais uma se segue à outra num processo progressivo.[13] Na morte, o tempo pára, a pessoa humana fica desligada dos momentos sucessivos do fluxo temporal. Por essa razão, podemos compreender o primeiro encontro do homem com Deus só com base em parâmetros dos quais o tempo não mais faz parte. Conseqüentemente, também não é possível para uma alma, separada do corpo, ser julgada por Deus e depois ficar na eternidade, esperando o final dos tempos. Onde não há tempo, não se pode esperar algo no futuro, porque o futuro não existe.

Levando a sério, porém, aquilo que na teologia sempre se dizia sobre a atemporalidade da eternidade, compreendemos melhor a verdadeira dimensão de nosso primeiro encontro com Deus na morte. Este encontro é muito mais do que a reunião de uma alma humana com Deus. É o encontro de duas pessoas. A pessoa humana, em todas as dimensões, encontra-se com a pessoa de Deus. Pessoa com pessoa. Numa dimensão totalmente atemporal, o ser humano se reúne com Deus na pessoa de Jesus Cristo. Este encontro pessoal será marcado pelo amor. A pessoa humana será acolhida por um amor, para o qual não há imaginação. "Enfim te encontrei", dirá Deus.

Diante do fogo e da ternura de um tal amor, a pessoa humana, enfim, poderá descobrir aquilo que sempre buscou e freqüentemente nem sabia: o amor de sua vida. Tantas vezes rejeitado, em tantas ocasiões esquecido, enfim o homem o descobrirá.

Perante esse amor e envolvido por ele, o ser humano verá diante de si toda a sua vida vivida. Num único momento atemporal, perceberá quantas vezes e em que medida essa vida vivida não correspondeu aos parâmetros de Deus. Parâmetros que, como todo mundo sabe e já esqueceu, foram formulados de maneira clara em Mt 25,31-40. *O agir ante o irmão e a irmã é o grande critério de discernimento.* Esse fato, na morte, tornar-se-á evidente para cada pessoa. De acordo com esse critério, cada um julgará a sua vida vivida. "Eu estava com fome e vocês me deram de comer; eu estava com sede e me deram de beber; eu era estrangeiro e me receberam em sua casa; eu estava doente, e cuidaram de mim; eu estava na prisão, e vocês foram me visitar..." (Mt 25,35-36).

---

[13] Cf. VORGRIMLER, Herbert. *Hoffnung auf Vollendung.* Freiburg-Basel-Wien, Herder, 1984. p. 158: "A idéia de que ali onde o homem ou a humanidade encontra Deus, de maneira definitiva, na pessoa de Jesus Cristo, é onde será revelada inexoravelmente a verdade... esta idéia pode ajudar a superar a concepção de que Deus encenaria com dramaturgia jurídica dois dias distintos de juízo".

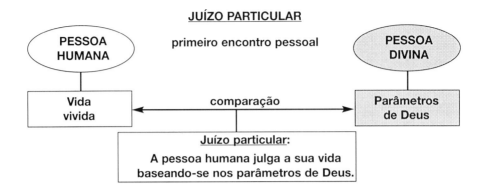

Não se precisa de um julgamento de Deus. Ele não julga ninguém. Na situação de morte, diante de Deus e ciente dos parâmetros dele, a própria pessoa julga a sua vida.

JULGAMENTO NA MORTE SIGNIFICA QUE A PESSOA, ELA MESMA, MEDIANTE OS PARÂMETROS DE DEUS, JULGA A SUA VIDA VIVIDA.

Esse julgamento, porém, não pode ser compreendido como sendo o primeiro ato de uma sucessão de acontecimentos. É muito mais que isso: é uma das muitas dimensões de nosso primeiro encontro com Deus. Encontro que inclui, de maneira simultânea, outras experiências: juízo final, ressurreição do corpo, possibilidade de conversão oferecida por esse Deus, dor dessa conversão motivada pelo amor. Inclui a possibilidade de uma última e definitiva negação que significaria autocondenação, assim como a experiência daquilo a que chamamos céu. A pessoa experimenta todas essas dimensões ou possibilidades de seu primeiro encontro com Deus de maneira simultânea, como pessoa inteira e integral, não como alma, separada do corpo.

Essa perspectiva fica muito clara na concepção de ressurreição desenvolvida por Paulo. O muito prestigiado compêndio da dogmática *Mysterium Salutis* resume a própria posição da seguinte maneira: "Paulo não ensina uma imortalidade e eternidade da alma, que com a morte se separaria do corpo e continuaria sobrevivendo sem ele... Para Paulo, o homem é sempre uma existência corporal e permanece também corpo no mundo da ressurreição. O homem inteiro, criatura de Deus, morre e chega à salvação divina com a nova criação".[14]

Como pessoa viva, que tem plena consciência do verdadeiro significado e do verdadeiro valor de sua vida vivida, também é capaz de tomar deci-

---

[14] FEININGER, Johannes & LOEHRER, Magnus. *Mysterium Salutis*. v. V/3, Petrópolis, Vozes. 1985. p. 193.

sões. Ela pode ver a sua vida através dos olhos de Deus e julgá-la de acordo com os critérios de Deus. É a partir de tal perspectiva integral que devemos compreender o primeiro encontro da pessoa com Deus, na morte; encontro que envolve necessariamente a pessoa integral e plena, e não apenas sua alma. Isso, pelo simples fato de a alma não poder se separar do corpo.

Resumindo: "Juízo particular"

A partir do momento no qual a pessoa morreu, não podemos mais pensar em termos de tempo. A pessoa se desligou das dimensões do tempo e entrou numa dimensão sem tempo, chamada "eternidade".

O que nessa eternidade acontece é marcado pela simultaneidade, e não mais pela sucessividade do tempo. Nessa dimensão, a pessoa se encontra pela primeira vez com Deus, na pessoa de Jesus Cristo.

Nesse primeiro encontro, ela compara a sua vida vivida com os parâmetros de Deus. Nessa comparação, ela "julga" a sua vida. Esse julgamento chama-se, na teologia tradicional, o "juízo particular".

Não é Deus quem julga a pessoa, é a pessoa humana quem se julga perante Deus.

9. SERIA UMA CONTRADIÇÃO IMAGINAR UMA ALMA, SEPARADA DO CORPO, ESPERAR NA ETERNIDADE O JUÍZO FINAL

Tendo em vista que na eternidade não há mais tempo, seria também contradição pensar que uma alma, na morte, poderia separar-se de sua dimensão corporal, para somente mais tarde, depois de muito tempo, reunir-se de novo com um corpo ressuscitado. O próprio Magistério da Igreja, contra uma tradição milenar de compreender a morte em termos de separação de alma e corpo, já começou a assumir um novo modelo de visão da morte. Modelo, aliás, que tem muito mais bases bíblicas do que a idéia dualista da filosofia grega, pagã, adotada no passado.

Assim escreve a Conferência Nacional dos Bispos da Alemanha, na sua *Carta Pastoral de Páscoa,* 1994:

> *Aquilo que foi dito sobre a separação da alma e do corpo na morte foi muitas vezes compreendido de maneira dualista, como se se tratasse de duas partes do homem que poderiam existir independentemente uma da outra. Mas nem é o corpo simplesmente o envelope da alma nem a alma jamais é absolutamente incorporal...*
>
> *Sendo que a alma não é uma parte do homem ao lado do corpo, mas o centro de sua pessoa, é a pessoa humana inteira que entra na vida junto com Deus.*[15]

---

[15] Carta Pastoral da Conferência Nacional dos Bispos da Alemanha, 1994, *Questions actuelles, Le point de vue de l'Église* [O ponto de vista da Igreja], 2 (1998) 11-12.

Aquilo que os bispos formulam aqui, no fundo, é a conseqüência de três décadas de reflexões sobre o assunto. Reflexões que começaram nos anos sessenta do século passado e que chegaram a uma conclusão vinte anos depois. Essa conclusão reflete-se na carta pastoral citada anteriormente. Contudo, ela não se reflete ainda na situação pastoral. Nosso povo continua a imaginar as verdades escatológicas segundo um modelo dualista pagão. Com isso, torna-se suscetível a todo tipo de tentação reencarnacionista; fundamenta suas concepções numa filosofia pagã, e não na Bíblia[16] e, finalmente, também se afasta daquilo que a ciência antropológica de hoje nos mostra sobre o ser humano.[17]

Uma separação de corpo e alma é impossível de acordo com o ponto de vista da antropologia atual.[18] Ela reflete um modelo antropológico, elaborado há dois mil e setecentos anos. Ninguém, espero, nega que, dentro destes quase três milênios, não fizemos progresso algum na compreensão de quem é o ser humano, de tal maneira que ainda devemos basear as nossas reflexões naquilo que, setecentos anos antes de Cristo, foi elaborado na religião órfica da Trácia — religião pagã que buscava um modelo para poder explicar que, com a morte, o homem não é aniquilado. O modelo serviu na época, mas, hoje, nosso conhecimento antropológico cresceu. Devemos ser capazes de manter a convicção de uma sobrevivência depois da morte, apoiados também nos modelos antropológicos atuais. Hoje, a própria lógica mostra que a separação da alma não é possível.

---

[16] Cf., por exemplo, Paulo, 1Cor 15,35-58; cf. também o excelente comentário a esse texto em: BARBAGLIO, Giuseppe. *As cartas de Paulo*. São Paulo, Loyola, 1989. pp. 366-371.

[17] Informações muito interessantes, assim como uma vasta bibliografia sobre o tema, encontram-se nos seguintes endereços da internet:
- http://www.u.arizona.edu/~chalmers/online.html
- http://www.u.arizona.edu/~chalmers/biblio.html (Contemporary Philosophy of Mind: An annotated Bibliography).
- http://www.ling.rochester.edu/~duniho/MS-Thesis/Ch._4 -The Solution.html
- http://www.gold.ac.uk/academic/ps/velmans.htm
- http://cogprints.soton.ac.uk/archives/phil/papers/199803/199803006/doc.html/velman11.html
- http://www.cvm.qc.ca/encephi/CONTENU/ARTICLES/CORPSI.htm
Noções de busca podem ser: "Mind/Body Dualism"; Consciusness; "mind/body problem", "mind philosophy"; dualism etc.

[18] Uma abordagem mais detalhada desse assunto, com referências também às respectivas declarações do Magistério, encontra-se em BLANK, *Escatologia da pessoa,* cit., VELMANS, M. An introduction to the science of consciousness. In: VELMANS, M. (dir.). *The science of Consciousness;* neuropsychological ans Clinical Reviews. Routledge, 1996; CHALMERS, D. Facing up to the problem of Consciousness. *Journal of Consciousness Studies* 1(2), n. 5-23, 1995; GADAMER, H. G. & VOGLER, P. (dir.). *Neue Antropologie*, v. 5, *Psychologische Antropologie*, Stuttgart, ed. Georg Thieme, 1973; VV.AA. Seele, *Problembegriff christlicher Eschatologie.* Freiburg-Basel-Wien, Herder, 1986; BERRG, J. H. van den. *O Paciente Psiquiátrico*. Campinas, Psy, 1999; WOLFF, Hans Walter. *Anthropologie des Alten Testamentes*. München, Kaiser, 1977; SCHMITHALS, Walter. *Die theologische Anthropologie des Paulus*. Stuttgart, Kohlhammer, 1980.

Aliás, na filosofia, a inviabilidade do modelo dualista já foi mostrada por Tomás de Aquino. Se o homem, como ele diz, é "uma única substância", fica evidente que esta não pode ser dividida ou, então, não seria substância. Esta, por definição, não pode ser dividida.

É impossível que uma alma, depois de ter passado pelo primeiro encontro com o fogo do amor de Deus, fique sozinha na eternidade para aguardar o "juízo final", no qual acontece a ressurreição do corpo. É impossível, pelo simples fato de que, na eternidade, o tempo não mais existe! Se, porém, não há tempo, também não é possível que se aguarde algo que acontecerá num tempo futuro. Sem tempo, não há futuro. Sem tempo, só há o "agora" atemporal da presença de Deus. Nesse "agora", o momento da morte e o momento da ressurreição do corpo no final dos tempos coincidem. A morte é o final dos tempos. Numa dimensão sem tempo, não pode passar o tempo entre a morte e a ressurreição do corpo. Também não pode passar o tempo entre o "juízo particular" e o "juízo final", porque tal tempo nem existe mais. Aquilo que nos modelos tradicionais foi separado em acontecimentos sucessivos, na realidade é uma única experiência plena com muitas dimensões.

Em nossos modelos tradicionais, imaginávamos que o juízo final aconteceria depois do juízo particular. Mas, na eternidade, não há mais um "depois". O juízo final com a ressurreição dos mortos deve, conseqüentemente, acontecer de maneira simultânea, no momento de nosso primeiro encontro com Deus. Essa é a única possibilidade de manter a coerência lógica entre as verdades escatológicas e a dimensão de eternidade. A preocupação com essa coerência se reflete até em documentos oficiais de nossa Igreja. Assim escreve o Cardeal Godfried Danneels, Arcebispo de Malines-Bruxelas na sua *Carta Pastoral de Páscoa,* em 1991:

> *O assim dito intervalo de tempo entre a nossa morte e a ressurreição geral coletiva é uma forma defeituosa de pensar. Ela existe somente a partir de nosso ponto de vista terreno. Na perspectiva divina, o tempo não existe. Mas nós só podemos pensar em termos temporais. Mesmo que nós devamos tomar como "momentos" distintos o nosso comparecer individual perante Deus e o Juízo Final, tal distinção não consiste numa diferença de tempo.*[19]

Resumindo: Na morte, a alma não se separa do corpo

Na morte, a pessoa humana se desliga do tempo e entra na dimensão da eternidade. Na eternidade, o tempo não existe. Logicamente, não pode passar um tempo entre a morte e a ressurreição do corpo no final dos tempos.

---

[19] Cardeal Godfried Danneels, arcebispo de Malines-Bruxelles, na sua *Carta Pastoral de Páscoa*, em 1991, *Questions actuelles, Le point de vue de l'église* (O ponto de vista da Igreja), 2 (1998) 30.

A alma nunca pode se separar do corpo. A ressurreição do corpo acontece no momento de nossa morte.

Em nosso primeiro encontro com Deus na morte, acontece também o juízo final. Tendo em vista que no juízo final se realiza a ressurreição dos corpos e que essa ressurreição se realiza no momento de nossa morte, nunca haverá na eternidade uma alma sozinha, desligada do corpo.

10. EM QUE CONSISTE, ENTÃO, O "JUÍZO FINAL"?

De acordo com as reflexões apresentadas, podemos falar do Juízo Final em termos de dimensões sociais de nosso primeiro encontro com Deus.

Na experiência a que chamamos "juízo particular", tentamos acentuar o desenvolvimento de nossa pessoa individual. As características dessa personalidade são comparadas com os parâmetros estabelecidos por Deus. Na medida em que a personalidade não corresponde a essas características, a pessoa faz seu julgamento diante de Deus, conscientizando-se sobre a sua responsabilidade.

Toda vida humana, contudo, desenvolve-se também dentro de relações sociais. A nossa vida influencia as estruturas e, com as nossas decisões, canalizamos os acontecimentos históricos do futuro. Vivemos dentro de um sistema entrelaçado. Só que, em geral, não nos damos conta disso. No momento de nossa morte, no entanto, ficará revelada também essa nossa influência sobre as estruturas do mundo. Ficará evidente que as nossas influências históricas vão muito além da vida individualmente vivida. Um assaltante que mata um pai de família não só acaba com a vida dessa pessoa como seu ato muda toda a vida dessa família. Muda todo o seu futuro, os seus projetos, o seu agir, a sua influência estrutural. O assaltante nunca saberá disso. No momento de sua morte, saberá. Perceberá as conseqüências históricas e sociais de seu ato, que continuarão até o fim do cosmo. Essa tomada de consciência das conseqüências sociais e históricas de nossa vida é um dos elementos do juízo final. Assim que, "juízo final" significa tomar consciência de nossas influências históricas e estruturais e julgá-las conforme os critérios de Deus.

Além disso, também acontecerá no momento de nossa morte uma nova e grandiosa revelação de Deus. O meu encontro pessoal com Deus na morte não será um encontro individual e individualista, num quarto separado. Farão parte desse encontro todas as pessoas humanas de toda a história do mundo. Essa é mais uma das conseqüências lógicas da atemporalidade da eternidade.

A imagem de uma humanidade, reunida em torno de Deus (cf. Mt 25), é exatamente aquilo que cada um de nós vai viver no momento da morte. Nosso primeiro encontro com Deus será também nosso primeiro encontro com a humanidade inteira. Nesse encontro, o namorado encontrará sua namorada, o torturador aqueles a quem torturou e o assaltante aqueles a quem roubou e matou. E, perante todos, teremos que pedir perdão àqueles a quem magoamos na vida. Esse pedir perdão poderá ser difícil. Poderá doer como fogo. Encontramos, assim, mais um elemento daquilo que chamamos de "purgatório".

Além disso, nesse primeiro encontro da humanidade com Deus, que se realiza no momento da morte, haverá novas revelações de quem é Deus. Será revelado para todos e diante de todos que esse Deus realmente agiu na história. Será revelado que agiu nesta história como *go'el,* em favor dos pobres e excluídos. Será revelado que todos aqueles que baseavam a sua esperança neste Deus *go'el* tinham razão e todos os outros se haviam enganado. Porque os critérios conforme os quais Deus agiu neste mundo eram aqueles de amor, de fraternidade, de justiça, de verdade e de paz. Perante todos e para todos será revelado que aqueles que seguiram tais critérios estavam certos e os outros errados. Essa é mais uma das profundas e ricas dimensões sociais daquilo que, na tradição, chama-se "juízo final".

A tudo isso se acrescentará ainda a outra grandiosa revelação sobre o cosmo. Será revelado para todos quais eram os planos que Deus tinha para este cosmo. E será revelado também que Jesus, de fato, é o Cristo, aquele que Deus Pai enviou neste mundo como seu Filho amado. Este Jesus será revelado para todos como sendo quem é, o nosso irmão e, ao mesmo tempo, a segunda pessoa da Trindade.

Implícito naquilo que chamamos "juízo final", encontramos de novo a experiência de purgatório. Para uns, admitir os critérios de Deus, revelados em Jesus Cristo, até poderá ser fácil, porque estão dispostos a aceitar agora aquilo que na vida rejeitaram. Outros, porém, que na vida se fixaram no seu ponto de vista, que defenderam sua posição até contra Deus, talvez terão muitas dificuldades em admitir que se enganaram. Será doloroso para muita gente afirmar publicamente que todas as suas opções históricas, políticas ou talvez até religiosas foram erradas. Será difícil confessar que a sua obra de vida tenha se revelado como palha, sem valor, sem importância aos olhos de Deus. Para poder admitir isso e aderir aos parâmetros de Deus, será exigido de muitos uma conversão profunda. Tal conversão poderá doer. Encontramos mais uma vez a experiência de purgatório.

Tudo isso e muito mais se chama juízo final. Tudo isso e muito mais a pessoa que morre experimentará no momento da morte. Porque é naquele momento que esta se desliga de sua fixação à sucessividade do tempo cósmico e passa para a simultaneidade da eternidade. O cosmo, porém, do qual a pessoa na morte se desliga, continua sujeito à dimensão do tempo. Por causa disso, devemos distinguir de maneira bem clara dois níveis. O nível temporal do cosmo e o nível atemporal da nova dimensão, dentro do qual a pessoa entra na morte.

Visto a partir da dimensão da pessoa que morreu, o juízo final acontece no momento da morte. Visto, porém, a partir da dimensão temporal do cosmo, esse juízo final se realiza no momento final do cosmo. Tal momento chegará. Sabemos pela cosmologia que o nosso cosmo não é eterno. Ele chegará a um fim. Naquele fim, que será em algum momento de nosso futuro, realizar-se-á para o cosmo aquilo que a pessoa já vivencia na morte: o "juízo final". Isso não significa que haverá dois ou muitos juízos finais. Significa simplesmente que a pessoa, na morte, já alcança aquele momento do juízo final, que, visto a partir da dimensão de tempo e de dentro do cosmo, só acontecerá num futuro.

Essa duplicidade das dimensões pode ser representada pelo seguinte esquema:

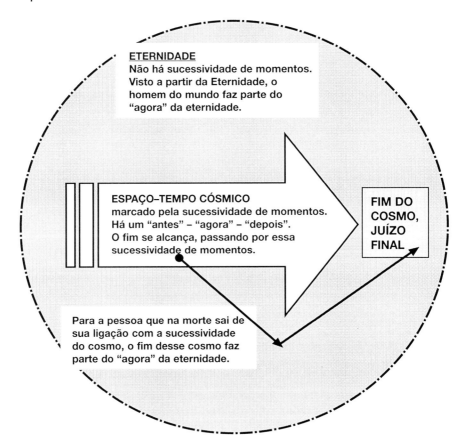

Resumindo: Juízo Final

O juízo final deve acontecer por razões lógicas no momento de nossa morte. Implica as dimensões daquilo a que chamamos "purgatório".

Significa a dimensão social de nosso primeiro encontro com Deus. A pessoa percebe as conseqüências históricas e cósmicas de seu envolvimento nas estruturas sociais.

Significa uma plena revelação do agir histórico de Deus: que ele se envolveu na história; que se envolveu como defensor dos pobres (go'el).

Significa a última justificação de todos aqueles que se comprometeram com a causa de Jesus.

Significa a definitiva revelação dos projetos cósmico-salvíficos de Deus. Todas as ações e estruturas humanas serão julgadas com base nos parâmetros de tais projetos.

Articulando conhecimento e vida

JUÍZO PARTICULAR – JUÍZO FINAL

1. Por que é impossível uma alma separada do corpo "aguardar" na eternidade o "juízo final" e a ressurreição do corpo?

2. "Quando" essa ressurreição deverá acontecer, caso a eternidade seja uma dimensão sem tempo?

3. Quais as conseqüências da palavra de Jesus em Jo 8,15, para a concepção do "juízo particular"?

4. O que significa então a experiência chamada "juízo particular"?

5. Quais os critérios, segundo os quais a pessoa humana, na morte, julgará a sua vida vivida?

6. Na morte, a pessoa se desliga das dimensões de espaço-tempo cósmico e entra na dimensão chamada "eternidade", em que tempo não mais existe. Conseqüentemente, em que momento deve acontecer para essa pessoa o juízo final?

7. Quando o juízo final acontece para o cosmo? Em que consiste o "juízo final"?

8. Como superar uma atitude apocalíptica, que compreende o "juízo final" em primeiro lugar como ameaça atemorizadora, esquecendo-se do profundo potencial de esperança, que é próprio do verdadeiro pensamento apocalíptico?[20]

---

[20] Sobre o tema do medo apocalíptico e sua superação, recomenda-se a leitura de BLANK, *Escatologia do mundo*, cit.; RICHARD, Pablo. *Apocalipse.* Petrópolis, Vozes, 1996.

Capítulo terceiro

A RESSURREIÇÃO DE JESUS, FUNDAMENTO E BASE DE UM MUNDO TRANSFORMADO POR DEUS

1. JUÍZO FINAL E PARUSIA DO SENHOR

Devido a uma história milenar de imagens apocalípticas e milenaristas, os cristãos se acostumaram a ver o "Juízo Final" em primeiro plano, como um acontecimento aterrorizante. Pinturas e imagens iconográficas criaram a concepção de um cenário de terror e de vingança. Um Deus zangado, enfim, fará justiça, jogando num abismo infernal todos os seus inimigos. Era assim que as fantasias milenaristas e apocalípticas imaginaram o evento, e é assim que, ainda hoje, muitos cristãos o vêem. Hoje, superando estas representações fantasiosas e medievais, necessitamos descobrir novamente a grande e profunda verdade que está atrás dessas imagens. Urge redescobrir que a sigla do juízo final quer exprimir uma das grandes e mais profundas esperanças escatológicas: a convicção de que a história cósmica como um todo, apesar de todas as aparências opostas, é uma história de salvação e não de perdição. Quem tem a última palavra é Deus.

Nesse sentido, o assim chamado "juízo final" significa o cume de todo o processo histórico do mundo. As estruturas criadas pelo nosso esforço serão submetidas aos critérios de Deus. Contra todos os aparentes fracassos e todos os retrocessos do projeto cósmico de Deus, tal projeto se revelará vitorioso. É o bem que triunfará e não o mal. Serão os seguidores de Jesus que terão razão e não os seus perseguidores. Perante todos e perante a humanidade inteira, Deus revelará que ele, de fato, é o Senhor do cosmo. Contra todos aqueles que optaram pelo poder e pela opressão, ficará evidente que a energia básica do cosmo é o amor e não o ódio. Esse amor, que se manifestou de maneira exemplar e única na pessoa e na obra de Jesus Cristo.

O fim da história do mundo será marcado pelo seu triunfo. Da mesma maneira como após a história da cruz seguiu-se o triunfo da ressureição, também a história do mundo não terminará com uma morte desonrada. O fim da história será a vida e não a morte. E essa vida se manifestará para todos naquilo que chamamos de *a parusia do Senhor.*

Essa parusia, a segunda vinda de Jesus Cristo, foi esperada pela primeira geração dos cristãos como acontecimento iminente. Paulo estava convencido de que aconteceria ainda durante a sua vida.[1] Nisso, ele e toda a sua geração se enganaram.[2] Nessa expectativa de uma parusia iminente, porém, nada mais devemos ver senão o primeiro passo no processo de uma conscientização. No decorrer dela, os seguidores de Jesus aprenderam a compreender a segunda vinda de Jesus em termos mais profundos e mais complexos. O próprio Paulo, em Rm 8,19-23, já "estabelece um nexo entre nossa ressurreição e a transformação cósmica".[3] Tal nexo existe também entre a ressuscitação de Jesus por parte de Deus e o destino último do mundo. Em uma reflexão atual sobre a parusia, é esta a ligação que deve ser levada em consideração.

HÁ UMA ÍNTIMA LIGAÇÃO ENTRE A RESSURREIÇÃO DE JESUS E O ÚLTIMO DESTINO DO NOSSO MUNDO E DO COSMO INTEIRO.

Quando este mundo chegar ao seu destino final, também a ressurreição, em seu significado cósmico, tornar-se-á visível a todos. Ela se revelará como sinal e primícia de uma realidade cósmica muito mais abrangente do que aquilo que agora podemos perceber com os nossos sentidos. Para todos, ficará evidente e inegável que o Ressuscitado sempre esteve presente no processo deste mundo. Ficará visível que essa presença marcava o processo da evolução e agia como energia e motor rumo a uma conversão total. Essa conversão de toda a história em Cristo chega ao seu ponto culminante naquilo que chamamos de "parusia".

2. PARUSIA, A GRANDE REVELAÇÃO FINAL SOBRE JESUS CRISTO

2.1. A parusia não será um acontecimento triunfalista

Por uma catequese de século, fomos acostumados também a compreender a "parusia" como última coroação triunfalista do assim chamado "fim do mundo". Foi-nos dito que, no decorrer de uma manifestação de dominação, Jesus, enfim, se manifestaria a todos com poder e glória. Essa "glória" foi compreendida em geral com base em parâmetros do pensa-

---

[1] Cf. 1Ts 4,15-17: "... nós, os que ficarmos vivos para a vinda do Senhor, não precederemos os que já morreram. Porque o mesmo Senhor descerá do céu... e os que morreram em Cristo ressuscitarão primeiro. Depois nós, os que ficarmos vivos, seremos arrebatados juntamente com eles".

[2] Cf. SEGUNDO, Juan Luis. *Que mundo? Que homem? Que Deus?*, p. 287: "Também os primeiros cristãos viveram mais de uma geração esperando a segunda vinda ou parusia do Senhor, que viria sobre as nuvens do céu para julgar os vivos e os mortos e colocar fim à história humana. E isso não aconteceu".

[3] DE LA PEÑA, Juan L. Ruiz. *La pascua de la creación*. Madrid, BAC, 1996. p. 138.

mento humano. Assim, fez-se de Jesus um imperador poderoso e de sua segunda vinda uma vitória triunfal sobre todos os seus inimigos.

Tais expectativas encontramos até hoje no imaginário religioso dos cristãos. A parusia se realizará, conforme eles, mediante uma triunfal segunda vinda do Senhor no final dos tempos. Ela seria, por assim dizer, um acontecimento singular, isolado, marcado pelo poder e glória daquele que, ao longo da história, foi rejeitado por tantos. Por meio deste acontecimento, ficaria revelado a todos que Jesus é o Senhor.

Ninguém pode negar que tal evento, historicamente, seria possível. Entretanto, a pergunta é se Deus realmente agirá assim. Olhando os milhares de anos da história de Deus com os homens, constatamos que ele nunca se manifestou dessa maneira, com poder e glória. Em vez disso, sempre preferiu a simplicidade. Suas obras começaram de maneira humilde, marcadas por características que são típicas em todos os processos da vida. Processos que, como todo mundo sabe, têm o seu início praticamente sempre em pontos de partida muito pequenos, despercebidos, mas que, depois, alcançam dimensões mais fortes do que tudo aquilo que aquele início parecia prometer.

Contra todas as expectativas triunfalistas e contra todas as imagens humanas de um Messias poderoso, é necessário lembrar que a verdadeira glória de Jesus nunca se manifestou por demonstrações de poder e onipotência. Sua verdadeira glória é o serviço, e o seu verdadeiro poder é o amor para com os homens.

2.2. A parusia deverá seguir os critérios que sempre marcaram o agir histórico de Deus

No decorrer de toda a sua história com o mundo, Deus sempre agiu mediante parâmetros de amor, de humildade e de serviço. Porque, no que diz respeito à parusia, ele deveria agir de maneira diferente? Não se encaixaria também a parusia dentro do mesmo esquema de vida que já observamos nas outras manifestações de Deus?

2.3. A parusia e os critérios de identificação entre Jesus e os seus irmãos humanos

Diante da profunda identificação entre Jesus e os seres humanos, feita por ele próprio, parece lícito formular uma pergunta até incômoda: como seria se a parusia já tivesse começado, como realidade processual dentro deste mundo, sem que nós a tivéssemos percebido?

Olhando o Novo Testamento, temos fortes indícios de que é exatamente isso que está acontecendo. A parusia já começou, e os próprios textos bíblicos já formularam os critérios de seu progresso. Em Mt 25, explica-se de maneira bem clara uma verdade que os cristãos conseguiram esquecer durante séculos, porque incomoda demais. Uma verdade que é tão chocante e grandiosa que só pode ser formulada pelo próprio Deus. "Tudo aquilo que fizestes a um desses meus irmãos mais pequeninos, a mim o fizestes..." (Mt 25,40).

Essa identificação de Jesus com os seus irmãos mais pequenos e pobres pode nos dar uma pista para compreender a verdadeira dimensão daquilo que chamamos a segunda vinda de Jesus. Ela se plenificará com poder e glória, no momento em que este cosmo e esta história alcançarem seu último fim. Ela, porém, já é um processo em andamento. Um processo cujo critério é a identificação dos pequenos com ele. E à medida que cada vez mais pessoas compreendem e vivem essa identificação, a parusia progride, até chegar ao ponto de sua plenificação, na qual o Senhor do cosmo, Jesus Cristo, a segunda pessoa da Trindade, será revelado a todos. E essa revelação, no final dos tempos, será a plenificação de todo um processo de identificação entre ele e as pessoas humanas.

Com base em tais parâmetros, que marcaram todo o agir histórico de Jesus, podemos imaginar que também a sua segunda vinda seguirá os mesmos *critérios que marcaram toda a sua vida:* o amor, a misericórdia, o serviço, a opção pelos pobres.

A presença real de Jesus Cristo neste mundo concretiza-se à medida que realizamos a identificação mencionada. A parusia plena será alcançada quando todos reconhecerem Jesus nos seus irmãos e nas suas irmãs. Nesse momento, ele se tornará visível para todos, e sua glória, da qual fala o credo de nossa Igreja, será a revelação pública daquela identificação.

A parusia não seria, conseqüentemente, um acontecimento momentâneo e triunfalista, num momento final da história. Seria muito mais um processo que já está em andamento. Um processo histórico, no decorrer do qual se revela cada vez mais a identificação do Ressuscitado com os mais fracos, os rejeitados, os excluídos e os pobres. O Senhor do cosmo tornou-se um deles. Verdade paradoxal e último triunfo de um Deus que também é homem. Vitória final de um Messias, cujo lema era exatamente a superação dos mecanismos de poder e de glória, e a sua substituição por valores de fraternidade e de amor preferencial para com os pequenos.[4]

2.4. A parusia se tornará a grande revelação final sobre Jesus Cristo

Enfim, quando todos conhecerem essa verdade paradoxal, de fato poderemos dizer que a história chegou ao seu fim. Aí se realizou o projeto escatológico de Deus. O mundo terá então alcançado a sua última finalidade.

---

[4] Cf. Mc 10,42-45.

A glória de Jesus ressuscitado será revelada a todos, de tal maneira que ninguém mais poderá negar que ele, de fato, é o Messias. Eis a verdadeira "Parusia do Senhor". Eis o *ponto ômega* de toda a evolução do mundo. A "cristificação do cosmo", como dizia Teilhard de Chardin.[5] E essa *cristificação*, por sua vez, significa a plenificação do projeto escatológico de Deus. Porque o Filho glorioso submeterá tudo ao Pai, é o que Paulo formula numa visão grandiosa:

> *Depois será o fim, quando tiver entregue o Reino a Deus, ao Pai e quando houver aniquilado todo o império e toda a potestade e força... Ora, o último inimigo que há de ser aniquilado é a morte. ...E quando todas as coisas lhe estiverem sujeitas, então também o mesmo Filho se sujeitará àquele que todas as coisas lhe sujeitou, para que Deus seja tudo em todos* (1Cor 15,24-28).

É nesse momento que o objetivo de todo o processo escatológico-evolutivo do cosmo alcança sua plenitude, o seu fim triunfal e glorioso, a sua plenificação em Deus e esse é o verdadeiro "fim do mundo".

Resumindo: Parusia do Senhor

Urge redescobrir que a sigla "Juízo Final" quer exprimir uma das grandes e mais profundas esperanças escatológicas: a convicção de que a história cósmica como um todo, apesar de todas as aparências, é uma História de Salvação e não de perdição.

Quando este mundo chegar ao seu destino final, também o significado cósmico da ressurreição se tornará visível para todos.

A conversão de toda a história em Cristo chega ao seu ponto culminante naquilo que chamamos de "Parusia". Esse acontecimento não deve ser necessariamente triunfalista. Terá as características que sempre marcaram o agir histórico de Deus.

Essas características foram formuladas em Mt 25 como os grandes critérios da identificação entre Jesus e os seus irmãos humanos.

A parusia, vista segundo esse enfoque, é um processo histórico que já começou. Sua plenificação, porém, realizar-se-á e quando o processo evolutivo do cosmo chegar a sua última finalidade. Ela será a grande revelação final sobre Jesus, o Cristo, Senhor do cosmo, verdadeiro homem e verdadeiro Deus, Messias crucificado, mas ressuscitado por Deus Pai. Confirmado por essa ressurreição como Filho de Deus e segunda pessoa da Trindade.

---

[5] Cf. CHARDIN, Teilhard de. *Mundo, Homem e Deus*. São Paulo, Cultrix, 1986. pp. 222-242.

> ## Articulando conhecimento e vida
>
> ### PARUSIA
>
> 1. Qual é o problema da visão tradicional da "parusia", em que ela é vista como acontecimento triunfalista no final dos tempos?
>
> 2. Estabeleça uma relação entre a identificação de Jesus com os irmãos mais pequeninos (Mt 25,31-46) e a verdade da parusia.
>
> 3. Como a parusia poderia ser compreendida em termos de um processo histórico que já começou?
>
> 4. Perante a expectativa da segunda vinda de Jesus, compreendida segundo os critérios de Mt 25, qual deve ser o conseqüente agir humano e eclesial?

3. FIM DO MUNDO NÃO SIGNIFICA QUE ELE VÁ DESAPARECER, MAS QUE ALCANÇOU A SUA ÚLTIMA FINALIDADE EM DEUS

Todas as inúmeras dimensões da parusia serão vividas pelo indivíduo no momento de sua morte, porque essa morte, para ele, significa o fim da história do mundo. Vista, porém, segundo a perspectiva do cosmo, a parusia se realizará no final de toda uma história cósmica, cujo fim é aquilo a que chamamos *o fim do mundo*. Este fim, por sua vez, em nada deve significar a destruição deste mundo por um holocausto cósmico. Significa muito mais que a história salvífica chegou ao seu cume, alcançou a sua última finalidade, e essa última finalidade é, nas palavras de Teilhard de Chardin, a cristificação de toda a criação. Essa criação não será destruída, mas radicalmente transformada, de tal maneira que podemos falar com as palavras do Apocalipse de "um novo céu e uma nova terra" (cf. Is 65,17; Ap 21,1-5).[6]

De acordo com um enfoque milenarista-apocalíptico, a compreensão desta plenificação de todo o processo escatológico do cosmo foi marcada, em primeiro lugar, por imagens de catástrofes cósmicas e holocaustos. As narrações mitológicas e figurativas dos textos apocalípticos foram compreendidas como descrições históricas. Seus símbolos foram vistos como realidades, e suas promessas cheias de esperança e de confiança num Deus, Senhor da história, foram projetadas para um futuro, no final dos tempos. A tudo isso se acrescentou ainda uma expectativa milenarista que

---

[6] A *Bíblia de Jerusalém,* em seus comentários sobre a expressão "novos céus e nova terra", insiste em que tal fórmula indica a profunda transformação da sociedade humana, seja na vida presente, seja na vida futura. O *Catecismo da Igreja Católica,* n. 1044, fala de um "universo novo" (cf. também: *Catecismo da Igreja Católica*, nn. 1043-1049). Textos bíblicos referentes: Is 51,6; 2Pd 3,10-13; Ef 1,10; Ap 21,1-5.

quis fixar as datas para aquele fim. Como resultado desse processo de recepção e transformação de significado, as mensagens esperançosas da literatura apocalíptica transformaram-se, na compreensão dos cristãos, em descrições de catástrofes finais. Aquele Deus foi caracterizado como sendo um juiz zangado e vingador que destruiria tudo aquilo que outrora criou; para ele, o Império Romano, da mesma maneira como o sistema neoliberal do século XXI, poderiam tornar-se bestas a serem destruídas (cf. Ap 13ss).

Contra todas essas deturpações do significado original dos textos apocalípticos, é preciso voltar ao seu verdadeiro significado: o poder do mal, na história do mundo, será superado. Todo e qualquer poder que se opõe a Deus desaparecerá. O processo, no decorrer do qual será superado, poderá ser dialético e conflitivo, mas, com certeza absoluta, chegará ao seu fim. Esse fim será claro e definitivo, e o processo pelo qual será alcançado poderá mostrar-se tão abalador que só poderá ser descrito com imagens, as mais drásticas possíveis.[7] Essas imagens são aquelas de um fim do mundo exterior.

No entanto, o que tais imagens exprimem não são acontecimentos cósmicos. Para a descrição dos eventos cósmicos, devemos recorrer àquilo que dizem a cosmologia científica, a astrofísica e talvez a astronomia.[8] O que os textos bíblicos descrevem por meio de imagens e metáforas é uma verdade muito mais profunda. É verdade que todo poder do mal chegará ao seu fim. O mundo do mal e do pecado acabará! O mundo do anti-reino de Deus desaparecerá, e esse desaparecimento significa, de fato, o fim de um mundo. Significa o fim do mundo do pecado, o fim do mundo oposto a Deus. Tal fim está sendo descrito com imagens de um fim exterior do cosmo. O que na realidade tais imagens exprimem e comunicam é o fim de todo um mundo interior de pecado.[9]

---

[7] Sobre os *mecanismos de projeção* que se encontram na base do surgimento de imagens do fim do mundo, cf. JUNG, C.G. *Tipos psicológicos*. Buenos Aires, Sudamerica, 1954; também, do mesmo autor, *Psicologia e religião*, Petrópolis, Vozes, 1978.

[8] Para a *cosmologia científica*, fica evidente que este cosmo não é eterno. Ele terá um fim. Tal fim está sendo descrito como "morte térmica", situação que se estabeleceria depois de mais ou menos cinqüenta bilhões de anos. Muito antes, porém, nossa Terra terá um fim por causa da explosão do Sol. Ele explodirá daqui a aproximadamente cinco bilhões de anos. Antes de sua explosão, ele começará a expandir e a esquentar cada vez mais o sistema solar, de tal maneira que toda a vida em nosso planeta será extinta a partir de mais ou menos novecentos milhões de anos. Nem o fim da vida na Terra, porém, nem a explosão do Sol e a destruição conseqüente da Terra significam um "fim do mundo". Em termos cosmológicos, significam, no máximo, o desaparecimento de alguns pequenos planetas que giram em torno de um dos bilhões de sóis que existem no cosmo.

[9] O erro que muitas vezes se comete na discussão sobre o tema fim do mundo é confundir a "escatologia teológica" da Bíblia com uma "escatologia cosmológica".

Nesse sentido, também o "fim do mundo", do qual fala a Bíblia, não deve ser compreendido em termos de um acontecimento cósmico único e singular.[10] É muito mais um processo que já começou. Um processo no decorrer do qual o mundo oposto a Deus chega ao seu fim por meio de uma dinâmica dialética e conflitiva. O fim de toda oposição a Deus, o fim do anti-reino. E esse fim, visto de um outro ângulo, significa o termo e cume final de todo o processo da salvação. Com a superação de todo pecado, tal processo chega ao seu fim e o processo evolutivo do cosmo como um todo alcança a sua última finalidade. O "fim do mundo" chegou.

4. FIM DO MUNDO, PARUSIA E CRISTIFICAÇÃO DO COSMO

Visto com base na perspectiva apresentada, faz-se necessário parar de compreender o "fim do mundo" em termos de catástrofe cósmica e a "parusia" como acontecimento que se realiza de maneira triunfante depois daquela catástrofe.

O surgimento de tais imagens, como foi explicado no capítulo anterior, tem a sua razão baseada muito mais em expectativas milenaristas e triunfalistas humanas do que nos textos da revelação. Sabemos, há mais de oitenta anos, que os textos bíblicos sobre a criação do mundo em nada são informações históricas e científicas. São textos teológicos. Por meio de imagens mitológicas, transmitem uma profunda verdade de fé: a verdade que este mundo não surgiu por acaso, que este cosmo tampouco é eterno, que atrás de todo o processo cósmico de evolução está agindo um Deus pessoal, um Deus criativo que criou por causa de seu amor. Essa é a mensagem teológica. Nenhum cristão de hoje, com exceção de alguns adeptos do fundamentalismo, interpretaria os textos do Gênesis ao pé da letra.

No entanto, no que diz respeito aos textos bíblicos que falam de um fim do mundo, existem muitos cristãos que querem encontrar aí informações históricas sobre como o cosmo terminará. Por que razão, porém, os textos sobre o fim do mundo deveriam ser interpretados como textos científicos, ao passo que os textos sobre o início do cosmo como imagens? Não há razão nenhuma para uma tal incoerência. Também os textos apocalípticos são imagens que transmitem a profunda verdade teológica de que este mundo e este cosmo não desaparecerão no nada. O cosmo tem uma última finalidade, e essa finalidade está nas mãos de Deus. Essa é a profunda e rica mensagem de um "fim do mundo" transmitida pelas imagens apocalípticas.

---

[10] Sobre a questão científica do fim do universo e de todas as suas implicações, o leitor encontrará vastas e profundas informações em milhares de artigos na internet. Noções de busca: Cosmology>end of the universe>end of the world.

Este mundo tem uma finalidade, definida por Deus. Essa finalidade, conseqüentemente, é marcada por aquilo que são as características de Deus: plenitude de vida, *abundância de amor*. Um Deus que ama sua criação e que não a destruirá num holocausto horroroso. Este Deus celebrou com Noé uma aliança solene e eterna (Gn 9,16), cujo conteúdo é exatamente a negação de qualquer futura destruição da terra: "O Senhor ... disse consigo mesmo: 'Nunca mais tornarei a amaldiçoar a terra... nunca mais tornarei a exterminar todos os seres vivos'" (Gn 8,21). "Estabeleço convosco esta aliança: todas as criaturas que existem não serão mais exterminadas pelas águas do dilúvio e não haverá jamais outro dilúvio para destruir a terra" (Gn 9,11; 9,12-16).

Declarações que reforçam esse texto encontram-se também em outros lugares dos textos sagrados.[11] Além disso, é importante saber que muitos textos bíblicos que falam do fim do mundo, por sua vez, não têm um significado cosmológico, mas teológico. O que querem dizer é que a atual época histórica terminará. Assim, por exemplo, em Mt 13,39-40. Nesse texto, as traduções usam a expressão "fim do mundo". A noção original em grego, porém, é a palavra "fim do *aión*".[12] *Aión*, porém, significa "a época histórica". O texto em questão não fala de um fim do mundo cosmológico, mas do fim de uma época, de um *aión*, de um mundo social e histórico, determinado sociologicamente. Não fala em termos cosmológicos.[13]

É com base nessa esperança que a escatologia atual fala da história do cosmo. Ela é uma história em que, apesar de todos os retrocessos, apesar de todos os fracassos e contra todas as tentativas opostas, o amor de Deus triunfará. Era desse amor que Jesus falava no decorrer de sua passagem pelo mundo. Desse amor, feito o centro de sua mensagem e cuja concretização proclamava sob a sigla de REINO DE DEUS.

Um Reino de Deus que não começaria num futuro longínquo. E que não se situaria numa dimensão transcendente, longe de toda história humana. Um Reino que, bem pelo contrário, seria concretizado sengundo a história concreta dos homens e das mulheres. E que já começou aqui entre nós e que está se ampliando como uma semente. E que está agindo como fermento no meio das estruturas. Deste Reino de Deus é que Jesus falou. É este Reino de Deus que está sendo cada vez mais acentuado pelas atuais reflexões escatológicas.

---

[11] Cf., por exemplo, Sl 78,69: "Edificou o seu santuário como um céu, como a terra que fundou para sempre"; Is 9,5-7: "...um filho nos foi dado, sobre cujos ombros está o principado... desde agora e para sempre".

[12] Cf. *Nuevo Testamento Trilingue*. Madrid, BAC, 1988: "...outos estai en të sunteleia tou **aionos**" (Mt 13,40).

[13] Outros exemplos em: Dt 32,22; Is 51,5-6; 1Cor 10,11; Hb 8,13; 9,26.

Resumindo: O Reino de Deus

O Reino de Deus não começará num futuro longínquo, mas já começou. Ele não se situa exclusivamente numa dimensão transcendente, mas começa já, na história concreta do mundo.

O Reino de Deus não é realidade espiritual e transcendente, mas força transformadora muito concreta da realidade.

Articulando conhecimento e vida

FIM DO MUNDO – PARUSIA

1. O que significa "fim do mundo", compreendido em termos de "o mundo alcança a sua última finalidade"?

2. Por que devemos distinguir, de maneira clara, as declarações teológicas da Bíblia e nossos conhecimentos científicos sobre o fim deste cosmo?

3. Interligue Gn 8,21; 9,11 com a concepção bíblico-teológica do "fim do mundo".

4. Estabeleça correlações entre "parusia" e "cristificação do cosmo".

---

5. REINO DE DEUS, SIGLA PARA O PROCESSO HISTÓRICO DO MUNDO SEGUNDO AS PERSPECTIVAS DE DEUS

5.1. Muitos cristãos perderam a esperança escatológica

Durante uma história de séculos, o interesse dos cristãos esteve concentrado na salvação da alma. O alcance histórico e cósmico daquilo que tinha sido a mensagem de Jesus perdeu-se num individualismo crescente. A vivência da fé se restringiu ao âmbito moral e individual, com pouco ou nenhum engajamento político dos cristãos. A isso se acrescentou, em várias épocas, uma política eclesiástica de poder, que pregava o *status* de "ovelhas obedientes" para todos aqueles que não pertenciam à hierarquia religiosa.

Como resultado de uma tal política, muitos cristãos se acostumaram a ficar passivos. Passo a passo, a dinâmica de uma religião que nos primeiros séculos havia transformado o Império Romano começou a se perder. Passo a passo, o fermento do qual Jesus tinha falado (Mt 13,33)[14]

---

[14] Mt 13,33: "Contou-lhes outra parábola: 'O Reino dos Céus é semelhante ao **fermento** que uma mulher pegou e misturou com três medidas de farinha, e tudo ficou fermentado'".

parou, para muitos, de ser energia transformadora. Pouco a pouco, o sal perdeu a sua força (Mt 5,13).[15] Grandes contingentes de cristãos acostumaram-se a ser ovelhas, e ovelhas, como todo mundo sabe, não transformam o mundo, mas obedecem. A *liberdade dos filhos de Deus*, da qual Paulo fala em tantas ocasiões (Rm 8,20-21; 2Cor 3,17; Gl 4,31; 5,13; também Tg 1,25), foi esquecida diante de um pensamento legalista, formalista e moralista. Numerosos cristãos esqueceram as palavras de Jesus, de que Deus prefere a justiça aos sacrifícios (Mt 9,13).[16] Contentaram-se em pregar uma religião de culto e de louvores a Deus, esquecendo-se das severas advertências dos profetas, de que Deus não está interessado no culto, mas na prática da justiça (Am 5,21-24; Os 6,6; Is 1,11-17; 58,3-6).[17]

Certos grupos de cristãos até eliminaram de seu pensamento as próprias palavras de Jesus no que se refere ao único critério válido, com o qual Deus vê o nosso agir: a atitude diante dos irmãos e das irmãs. E entre estes, os que são mencionados com destaque: os mais humildes, os pobres (Lc 6,20-21; principalmente Mt 10,42; 25,31-45). Outros tantos chegaram ao ponto de tornar a instituição religiosa o centro de sua atenção, esquecendo-se de que toda instituição, conforme a própria atitude de Jesus, só tem valor na medida em que serve as pessoas (Mt 12,9-13; Mc 2,27; Lc 6,1-5). E, em tantas ocasiões, os próprios representantes de Jesus se esqueceram de que este Jesus em nada tinha pregado uma atitude de poder, pois baseava toda a sua ação no servir (Mc 10,42-45).[18]

O resultado de todas essas atitudes é aquela dicotomia que marca tanto a história cristã. Por um lado, encontramos em todas as épocas do cristianismo pessoas extraordinárias, santos e santas, que se tornam testemunhas vivas e proféticas do agir de Deus na história humana, exemplos

---

[15] Mt 5,13: "Vós sois o sal da terra. Mas se o sal perder o gosto salgado, com o que se há de salgar? Já não servirá para nada, apenas para ser jogado fora e pisado pelas pessoas".

[16] Mt 9,13: "Ide e aprendei o que significam as palavras: Quero misericórdia e não sacrifícios. Porque não vim para chamar os justos, mas os pecadores".

[17] Am 5,21-24: "Odeio, desprezo vossas festas e não gosto de vossas reuniões. Porque, se me ofereceis holocaustos, não me agradam vossas oferendas e não olho para o sacrifício de vossos animais cevados. Afasta de mim o ruído de teus cantos, não quero ouvir o som de tuas harpas! Que o direito corra como a água e a justiça como rio caudaloso!". Os 6,6: "Porque eu quero amor e não sacrifícios, conhecimento de Deus mais que holocaustos". Is 1,16s: "Lavai-vos, purificai-vos. Tirai a maldade de vossas ações de minha frente. Deixai de fazer o mal! Aprendei a fazer o bem! Procurai o direito, corrigi o opressor. Julgai a causa do órfão, defendei a viúva"; Is 58,3-6: "Vede: no dia em que fazeis jejum, ides atrás de vossos interesses e procedeis como duros capatazes com todos os vossos operários...".

[18] Mc 10,42-45: "Sabeis que os que parecem governar as nações as oprimem e os grandes as tiranizam. Entre vós, porém, não deve ser assim. Ao contrário, quem de vós quiser ser grande, seja vosso servidor; e quem quiser ser o primeiro, seja o escravo de todos. Pois também o Filho do Homem não veio para ser servido mas para servir e dar sua vida em resgate de muitos".

grandiosos de um verdadeiro seguimento de Jesus Cristo. Reconhecemos ações que transformaram as estruturas do mundo e da própria Igreja, de tal maneira que se torna visível e tangível o agir histórico e escatológico do Espírito Santo. Até os dias de hoje, podemos observar esse agir de maneira específica e muito acentuada.

E a ação do Espírito Santo não pára. Dentro e fora da Igreja surgiram e estão surgindo novos e ativos movimentos de transformação deste mundo. Grande número de cristãos redescobriu a Bíblia como fonte e inspiração para o seu agir. Sob a influência de uma criativa e profunda releitura dessa Bíblia, revitalizaram-se as grandes opções de Deus: a opção preferencial pelos pobres, a opção pela justiça, a opção pela fraternidade humana. Cristãos e cristãs se engajaram e engajam em lutas pelos direitos humanos, em ações contra a fome, em esforços para a preservação do meio ambiente. O Espírito Santo, de fato, está agindo neste mundo e nesta Igreja. E ele age, como sempre, de maneira transformadora e dinâmica.

Entretanto, observamos ao mesmo tempo um afastamento acentuado das verdadeiras intenções de Jesus. Na concepção religiosa de numerosos cristãos, a mensagem de um Reino de Deus que já começou perde a sua força transformadora. Para outros, ela se reduz a uma pregação daquilo que virá depois da morte. Como conseqüência, esses cristãos se desligam do mundo que chamam de o reino do mal e levantam os olhos para o céu. Esquecem que Jesus Cristo, o seu mestre e fundador, não tinha agido assim. O sal novamente perde a sua força e o fermento torna-se ineficiente.

Muitos cristãos, no passado e até hoje, não se tornaram conscientes de vários mecanismos de sedução e de suas conseqüências. Às vezes, com boa-fé e com as melhores intenções do mundo, deixam de ser agentes de transformação. Esse perigo se acentua hoje sob o impacto de um conflito muito novo, travado com os meios de propaganda ideológica.

Observamos atualmente, sobretudo nos países da América Latina, uma nova onda de espiritualização. Podemos ver nela um fator importante de integração e de recuperação das dimensões místicas e espirituais de nossa fé. Ela também apresenta todas as características de um grande movimento de emancipação, em que cristãos e cristãs, sob a ação do Espírito Santo, redescobrem novas dimensões comunitárias da vida eclesial, assim como o verdadeiro alcance de sua liberdade de filhos e filhas de Deus. O Espírito de Deus está agindo de maneira muito intensa, e a sua ação, como sempre, visa difundir e aprofundar os valores do Reino de Deus.

Contudo, há muitas forças e muitos grupos de interesse que em nada estão atraídos por este Reino. São criativos na forma de seduzir aqueles que querem se dedicar ao seu crescimento. De fato, o atual sistema socio-econômico não está interessado numa religião que conscientiza, porém, sustenta a tendência de fazer da religião um meio para produzir um chamado conforto espiritual e emocional. Uma religiosidade, se possível totalmente individualizada, não incomoda o sistema. Até pelo contrário. Uma religiosidade que só gira em torno de si mesma ajuda os interesses do sistema, compensando as profundas frustrações produzidas por ele.

Muitos cristãos não percebem esses mecanismos e se deixam seduzir.[19] Louvam a Deus dentro de igrejas bonitas e se esquecem de lutar para que as injustiças sociais sejam superadas. Buscam na religião o seu conforto espiritual e nada ou pouco se interessam por transformar em Reino de Deus o atual sistema excludente. É exatamente tal esquecimento que este sistema apóia.

Diante de todos esses problemas, urge voltar às intenções originais de Jesus Cristo. Ele nos chama a trabalhar para que o Reino de Deus cresça em todo o mundo. E, para que isso aconteça, não basta uma atitude passiva de religiosidade espiritual; faz-se necessário o agir, para que todas as situações, nas quais Deus não ainda reina, sejam transformadas em realidades em que os valores de seu Reino sejam vividos de maneira plena.[20]

JESUS NOS CHAMA A TRABALHAR PARA QUE O REINO DE DEUS SEJA ANUNCIADO E CRESÇA NO MUNDO.

Jesus nos incentiva a começar já, agora e em cada momento essa tarefa.[21] Entretanto, deparamos com vários problemas. Um deles: há muitos cristãos que perderam seu ânimo. Diante de um sistema socioeconômico globalizado, mas excludente, não acreditam mais na possibilidade de mudanças. Diante de uma Igreja que, em certos casos, também se apresenta como sistema fechado, não podem mais imaginar uma religião diferente.

A todos eles e contra toda atitude de desânimo, é importante lembrar que a mensagem de Jesus contém uma força transformadora e revolucionária. Sua mensagem mostrou-se capaz de derrubar o Império Romano. Sua força transformou o mundo pagão em mundo cristão. Por que, então, há cristãos que perderam a esperança de que essa mesma mensagem seja capaz de revolucionar o sistema neopagão de hoje?

---

[19] Essa luta, na qual em nome de Deus tenta-se combater os planos de Deus, já faz parte da própria experiência de Jesus. Sua pregação do Reino de Deus, formulada em nome desse Deus, está sendo combatida pela instituição religiosa de sua época, o Templo. E esse Templo, por sua vez, também falava "em nome de Deus". Trata desse tema bastante atual: SOBRINO, Jon. O aparecimento do Deus da vida em Jesus de Nazaré. In: Vv.Aa. *A luta dos deuses*. São Paulo, Paulinas, 1982. p. 93ss. "Jesus foi descobrindo que as forças da morte, de fato, também buscavam se justificar em concepções explicitamente religiosas...", cit., p. 99.

[20] Cf. Epístola de São Tiago, de maneira especial, Tg 2,14-26.

[21] Afirma Juan Luís Segundo: "Este Reino que se vai realizar na terra significa, pois, uma estrutura nova de vida social do homem". In: *Que mundo? Que homem? Que Deus?* São Paulo, Paulinas, 1995. p. 319.

A mensagem de Jesus centrou-se, do início até o fim, na proclamação do Reino de Deus. Não de um Reino de Deus que começaria num futuro muito distante, mas de um Reino de Deus que já começou (Lc 17,21; Mt 12,28). Se esse Reino, porém, já começou, se esse Reino já está em andamento, crescendo e se multiplicando (Mc 4,26), então os cristãos também hoje são chamados a agir. São convocados por Jesus a levar para a frente a construção do Reino (Lc 9,2). Construir o Reino, porém, significa proclamar a sua mensagem de esperança (Lc 4,18-19; 6,20). Construir o Reino traduz-se em: transformar as situações opostas ao Reino em situações que correspondam aos valores do Reino. Construir o Reino de Deus quer dizer realizar, com base nas situações concretas deste mundo e desta história, uma sociedade alternativa. Uma sociedade em que haja:

- justiça em vez de injustiça;
- amor em vez de egoísmo;
- fraternidade em vez de ódio;
- paz em vez de conflitos e guerras;
- verdade em vez de mentira e manipulação.

Enfim, uma sociedade e uma Igreja em que não haja mais privilégios e fronteiras entre grupos. "Em vez disso, haverá a superação das barreiras, e aqueles que falavam línguas diferentes, no sentido real ou figurativo, se encontrarão todos juntos numa nova comunidade de irmãos e irmãs. É essa a grandiosa imagem escatológica, transmitida por At 2,1-13." Nela se exprime "a realização daquilo que é um dos objetivos escatológicos do espírito de Deus: *a superação das separações e a eliminação das divisões entre os homens*".[22]

Para a realização desse projeto, Deus convocou os homens e as mulheres deste mundo. Ele coloca em suas mãos a tarefa de serem colaboradores na realização do seu plano escatológico. Essa colaboração significa vocação. Significa ser chamado a um trabalho, cuja última realização supera toda capacidade humana. A sigla para esse projeto de dimensões escatológicas permanece "Reino de Deus". É em torno dele e de acordo com ele que deve girar todo agir e todo pensamento cristão. Para que isso seja possível, porém, os cristãos devem recuperar a consciência de que este Reino de Deus, de fato, é o grande projeto escatológico de Deus, à cuja realização este Deus os chamou.

5.2. A esperança escatológica deve incentivar a transformar o mundo

O Reino de Deus, aos olhos de muitos cristãos, tornou-se uma realidade totalmente distante da realidade histórica. Séculos de interpretação alie-

---

[22] Blank, Renold J. A dinâmica escatológica do Espírito Santo. *Revista de Cultura Teológica*. São Paulo, 25 (1998) 14-15.

nante teriam conseguido apagar o fogo que Jesus declarou ter jogado na Terra (Lc 12,49)? A esperança de sua Boa Nova, para muitos, transformou-se em ameaça de um possível holocausto, provocado por um Deus vingador. E a feliz mensagem de um Deus que quer humanizar as relações humanas e seu contexto transformou-se numa exigência moralista e legalista. Os poderosos respiram aliviados, e os excluídos, dos quais Jesus tomou parte,[23] permanecem rejeitados. Parece que há cada vez menos cristãos que podem imaginar que o atual sistema globalizado, excludente e desumanizante do mundo possa ser superado por homens e mulheres justos e solidários e pela religião.

Contudo, temos exemplos históricos de que tais processos aconteceram. Os cristãos da Igreja primitiva conseguiram superar e transformar um sistema que também poderíamos considerar globalizado e que, na sua época, dominava o mundo, o do Império Romano. Eles superaram suas estruturas inumanas e excludentes. E a força para essa superação era tirada da esperança no Deus histórico que havia declarado que o Reino de Deus já começou.[24] Nas estruturas de sua época, porém, os seguidores deste Deus não conseguiram descobrir os traços de tal começo. Por causa disso, eles mesmos começaram a viver de maneira diferente do agir de seu tempo. Iniciaram uma prática de vida diferente e alternativa, que se fundamentava na convicção daquilo que podemos chamar de "esperança escatológica". Era a esperança em que Deus, com certeza absoluta, iria realizar um mundo diferente do atual, o qual não mais seguiria os critérios do reino de "animais" (cf. Dn 7), mas os critérios proclamados por Deus em Jesus Cristo.

---

[23] Cf. a noção de "pobre" no excelente comentário em CD-Rom: *Bíblia Sagrada*, Petrópolis, Vozes, s.d.: "Em Israel, a propriedade tinha um fim eminentemente social. Por isso, a pobreza prolongada é vista como fruto da injustiça, uma desobediência a Deus que leva à falência da sociedade. O único proprietário da terra é Deus. Por isso o latifúndio de alguns, à custa da miséria de outros, é intolerável. Para combater a pobreza e a ganância, criaram-se leis sociais humanitárias:
a) a libertação, no sétimo ano, dos israelitas que caíram em servidão por causa de dívidas (Ex 21,2); b) no sétimo ano a terra não era cultivada pelos donos e as colheitas pertenciam aos pobres (23,10s); c) proibiam-se a opressão e exploração dos pobres (22,22-26); d) condenava-se a manipulação da lei em prejuízo dos pobres (23,6-9).
O próprio Deus se apresenta como defensor dos pobres e oprimidos, ele que libertou Israel da opressão do Egito (22,21s; 23,9). Os profetas Amós (2,7; 4,1; 5,11; 8,4), Isaías (3,14s; 5,8s; 10,2) e Miquéias (2,2; 3,2-4) denunciaram a opressão dos pobres e miseráveis, pecado que levou à ruína do reino de Judá (Ez 22,29). No NT a mensagem de Jesus se dirige especialmente aos pobres (Mt 11,5; Lc 4,18). Chama-os de "bem-aventurados" (Mt 5,3; Lc 6,20), mas critica os ricos satisfeitos com sua riqueza (Lc 6,24-26; cf. Tg 2,2-7). Dos ricos exige desapego dos bens e o uso social destes (Mc 10,17-27; cf. Lc 19,8). No juízo final o cristão será julgado pela maneira como tratou os pobres e necessitados (Mt 25,31-46; Tg 2,13)". Cf. também: Lc 4,16-19. Lc 6,20-23.

[24] Cf. os textos bíblicos respectivos no final do capítulo primeiro.

Impulsionados por essa esperança, começaram a viver conforme os critérios transmitidos por Jesus. Vivendo em meio a um sistema arrogante e opressor, começaram a viver uma vida alternativa. A força dessa forma de vida era tanta que conseguia convencer a outros. Assim se espalhava a nova maneira de ser, maneira que finalmente venceu o poder de um império mundial.

INCENTIVADOS PELA ESPERANÇA ESCATOLÓGICA DE QUE DEUS IRIA REALIZAR SEU PROJETO HISTÓRICO, OS CRISTÃOS COMEÇARAM DENTRO DAS ESTRUTURAS HISTÓRICO-SOCIAIS DE SUA ÉPOCA UMA VIDA ALTERNATIVA CONFORME OS CRITÉRIOS DAQUELE PROJETO. ESSA VIDA TEVE UM EFEITO TRANSFORMADOR SOBRE AS ESTRUTURAS DE SEU TEMPO. O PROJETO ALTERNATIVO DE JESUS VENCEU O PROJETO DO IMPÉRIO ROMANO.

O que era possível na época dos césares é possível também nos tempos atuais! Entretanto, quem dos cristãos de nossa época ainda acredita que é capaz de vencer os sistemas anti-humanos e excludentes de hoje? Sistemas cujos nomes são capitalismo, stalinismo, consumismo, sexismo, neoliberalismo, neocolonialismo e tantos outros. Será que os discípulos de Jesus perderam sua força para viver de forma coerente e convencer outros? Será que o sal perdeu sua força? (Mt 5,13).

Contra a resignação de todos aqueles que perderam a esperança escatológica, é necessário reacender sua dinâmica irresistível. É para isso que os textos bíblicos nos incentivam. Eles usam a imagem do crescimento do Reino de Deus. Esse Reino cresce de maneira irresistível, assim como o trigo cresce no meio do joio (Mc 4,26-28). Mas, para que possa crescer, o Reino precisa de semeadores. Jesus nos escolheu, homens e mulheres, para sermos esses semeadores. Sem nosso esforço, nada se faz. Nós somos enviados para que o Reino irrompa e avance em todos os lugares (Lc 9,2). Ali onde Deus age, encontrando colaboradores, acontece o Reino. Somos chamados a ser os trabalhadores da vinha (Mt 20,1-4;21,28). É também a partir de nós que o projeto escatológico de Deus progride dentro da história.

5.3. O projeto do Reino de Deus se realiza como processo dialético e conflitivo dentro da história

A partir do momento em que os cristãos começam seu trabalho, a partir do momento em que iniciam sua vida alternativa, chocam-se com interesses opostos. Quando começam a querer implantar o Reino de Deus, encontram a resistência daqueles que não estão identificados com os critérios de Deus e, portanto, não estão interessados no seu reinado. Entre eles predomina o interesse pelo lucro rápido e mais fácil, pelo poder, prestígio e dinheiro. Seus valores, em muito, são contrários aos valores defendidos por Jesus. Daí começa um choque de valores, e é esse conflito que marca toda a história do mundo. História que tem a sua base no projeto escatológico de Deus, projeto claramente definido pelo nome "Reino de Deus".

Em outras palavras: os interesses dos que querem implantar o Reino de Deus confrontam-se com os dos que não estão interessados neste Reino. A história da construção do Reino torna-se assim uma história dialética e conflitiva. Os valores de Reino entram em conflito com os valores do anti-reino.

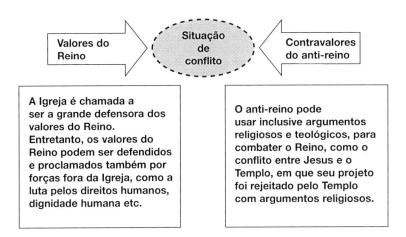

Esse conflito entre Reino e anti-reino marca toda a história do mundo, de tal maneira que esta história se apresenta como constante processo dinâmico e dialético:

- A exigência de *justiça* confronta-se com os interesses que preferem estruturas injustas.
- A exigência de *amor e fraternidade* rivaliza-se com as tendências de egoísmo e individualismo.
- O ideal de *paz individual, social e política* está sendo combatido por aqueles que tiram proveito de conflitos e de guerras.
- A utopia de uma comunicação baseada na *verdade* esbarra nos interesses daqueles que preferem a mentira e a falsidade para manipular e enganar.

O mundo inteiro está marcado por esses conflitos. E é dentro desse contexto que é possível compreender a aparente contradição entre duas linhas de declarações de Jesus. Em suas palavras, deixa compreendido que o Reino de Deus já começou (Mt 12,28; Lc 17,21; Mc 9,1). Em outras ocasiões, porém, declara que o Reino está próximo, o que significa que não chegou ainda (Mc 1,15; Lc 10,11). A partir do momento em que compreendemos essas declarações dentro do enfoque de um processo dinâmico, sua aparente contradição se resolve sem problemas.

O Reino de fato já chegou a todas as situações e a todos os lugares em que seus valores já se realizam. Todavia, o mesmo Reino não chegou ainda naquelas situações e naqueles lugares nos quais o anti-reino ainda pode triunfar. A história se apresenta como história dinâmica de construção do Reino de Deus. Essa construção é um processo em que coexistem de maneira simultânea situações do Reino com situações de anti-reino, assim como coexistem o trigo e o joio ao mesmo campo (Mt 13,24-30). Portanto, a história do mundo é marcada pelo conflito entre Reino e anti-reino; pelo conflito entre os valores de ambos os lados.

É dentro de tais conflitos que Jesus viveu. É dentro dos mesmos conflitos que seus seguidores vivem. Da mesma maneira como Jesus, também eles convivem com os defensores do anti-reino, que usam todos os meios para desprestigiar o Reino. Usam manipulações para mostrar que o Reino de Deus não é possível, que não é oportuno, que é utopia irreal, que se torna prejudicial aos interesses humanos ou que simplesmente é um sonho irreal.

Quando, porém, todas essas estratégias manipuladoras não produzem efeito, há ainda um outro mecanismo de manipulação, ao qual os defensores do Reino podem estar sujeitos. Quando não parece possível eliminar a idéia de um Reino de Deus, os opositores tentarão deturpar seu conteúdo, usando até mesmo a argumentação religiosa para convencer os seguidores de Jesus a deixar o seu sonho.

Encontramos assim aquela verdade chocante já mencionada uma vez: pode-se usar o nome de Deus para combater Deus, pode-se usar também noções religiosas como a do "Reino de Deus" e dar-lhe um significado diferente daquele que Jesus lhe deu.

Observamos esse mecanismo de maneira explícita já na própria experiência de Jesus. Ele veio proclamando o Reino de Deus. Para ele, esse Reino significava tudo aquilo que aqui já foi mencionado e muito mais. Sua concepção, porém, entrou em choque com a concepção de Reino de Deus proclamada pelo Templo e pelos seus representantes. Para o Templo, Reino de Deus significava a observância escrupulosa da lei. Quem não observava a lei, impedia a sua vinda. Essa concepção de Reino de Deus era bem oposta à concepção proclamada por Jesus. A forma como Jesus o compreendia incomodava toda a política sociorreligiosa e até econômica dos representantes do Templo. Por causa disso, combatiam a concepção de Jesus.

Essa mesma dialética, esse mesmo conflito podemos encontrar durante toda a história. Aqueles que se sentem incomodados pelos valores do verdadeiro Reino tentam acabar com ele. Quando não conseguem isso, buscam deturpar seu conteúdo. Observamos, no decorrer da história, inúmeras tentativas nesse sentido. Tentativas que os próprios cristãos deixaram de perceber, muitas vezes.

Muitos até se deixaram seduzir pelas falsas concepções e as seguiram por muito tempo. Porém, é sinal visível e muito vivo da presença do Espírito Santo em nossa Igreja, o fato de que, sempre, no decorrer da história, tais aberrações fossem corrigidas. Assim aconteceu no que se refere às *cruzadas*, às discussões sobre o papel e estrutura da *Igreja* depois de são Francisco, aos conflitos da *reforma* e às disputas a respeito da *inquisição*, da *colonização*, do *capitalismo* e do *marxismo*. A nossa Igreja sempre conseguiu voltar e permanecer fiel as suas verdadeiras raízes, porque nela age o Espírito Santo.

Foi essa Igreja que, no contexto do Concílio Vaticano II, formulou para todos os seus filhos e filhas a grande advertência de "discernir os espíritos".[25] Todo discernimento, porém, não exclui que também hoje e no futuro os cristãos serão confrontados com tentativas de deturpação daquilo que é o Reino de Deus. Aqueles que lhes são contrários fazem de tudo para convencê-los de que o Reino de Deus não tem nada a ver com a situação histórico-social concreta e suas estruturas. Aplicam todos os mecanismos de sedução para espalhar a idéia de um Reino de Deus puramente espiritual, longe do mundo e alheio ao que é biológico e material. Portanto, o discernimento é hoje mais necessário que nunca.

O *critério fundamental* só pode ser este: faz-se necessário sempre voltar às afirmações básicas de Jesus Cristo. Para ele, o Reino de Deus não era uma utopia idealista e espiritual, tampouco uma situação a se realizar depois de um fim do mundo ou depois da morte. Para Jesus, o Reino é realidade concreta, histórica, que já começou dentro das estruturas concretas e de um contexto social. "Este Reino", diz Juan Luis Segundo, "que se vai realizar na terra significa, pois, uma estrutura nova da vida social do homem."[26] Essa *estrutura nova*, em dimensões que ultrapassam todas as imaginações humanas, é o *projeto escatológico de Deus*.

---

[25] Cf. COMBLIN, José. *O tempo da ação*. Petrópolis. Vozes, 1982. pp. 352-370. "O discernimento se opõe ao escatologismo milenarista daqueles que esperam um advento eminente do Senhor e não encontram nada para fazer na terra nesse meio-tempo. Opõe-se ao farisaísmo, para o qual a ação já está definida pelas centenas de preceitos da lei... Opõe-se também ao carismatismo dos coríntios, para quem a ação é inspirada imediatamente por Deus, a cada momento". Op. cit., p. 357.

[26] SEGUNDO, *Que mundo?...*, cit., p. 319. Cf. também, idem, p. 313: "Jesus... tem também um anúncio claro e um estilo de vida perfeitamente coerente com esse anúncio: 'O Reino (= governo) de Deus está próximo' (Mc 1,15 e par.). Daí que o fato de que a vontade de Deus se cumpra 'na terra' (Mt 6,10) seja como 'um tempo de bodas, onde não se pode jejuar' (Mc 2,19 e par.)". Cf. ainda, SEGUNDO, Juan Luis. *A história perdida e recuperada de Jesus de Nazaré*, São Paulo, Paulus, 1997, p. 173: "O Reino ou governo de Deus, com suas conseqüências e lógicas transformações sociopolíticas".
Dentro da mesma temática, cf. também SOBRINO, Jon. *Cristologia a partir da América Latina*. Petrópolis, Vozes, 1983. pp. 62-88; SICRÉ, José Luis. *O Quadrante*. São Paulo, Paulinas, 2000. v. 2. pp. 314-324; BARREIRO, Alvaro. *Os pobres e o Reino*. São Paulo. Loyola, 1983; SCARDELAI, Donizete. *Movimentos messiânicos no tempo de Jesus*. São Paulo, Paulus, 1998.

Transformando o mundo atual num processo dinâmico e dialético, Deus realiza progressivamente sua meta histórica final. Só que essa realização não acontece numa linha reta e linear. Ela é muito mais um caminho torto e marcado por progressos e retrocessos, de modo que, às vezes, até pode parecer que o Reino perdeu sua força. Mas contra todas essas aparências permanece a palavra de Jesus: o projeto de Deus, finalmente, vai triunfar. E todos os projetos de anti-reino chegarão ao seu fim. O último fim do mundo é a realização do Reino de Deus e o fim do anti-reino. Eis mais uma vez a esperança escatológica: esperança além de toda esperança.

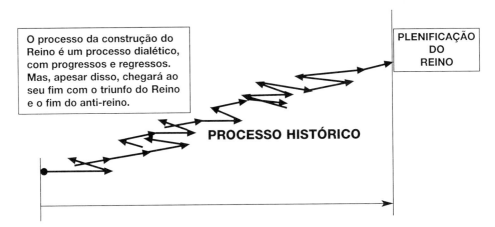

5.4. A última transformação do mundo num novo céu e numa nova terra ultrapassa todo esforço humano

Este Reino de Deus, cuja dinâmica marca toda a nossa história, já começou. Ele, porém, nunca termina dentro desta história. Seus valores transcendem toda dimensão humana, de forma que podemos resumir sua dinâmica da seguinte maneira:

- o Reino de Deus começa e se desenvolve neste mundo mediante esforços humanos;
- no agir de Jesus, aquilo que o Reino significa já foi antecipado;
- a plenificação daquilo a que chamamos Reino, no entanto, é a obra de Deus.

É a partir dessa característica que voltamos a descobrir a importância da *esperança escatológica*. Esperança além de todas as esperanças e utopias. Seu conteúdo pode ser assim resumido:

- apesar de todos os conflitos com os defensores do anti-reino;
- apesar de todos os aparentes triunfos desse anti-reino;
- apesar de, em tantas e tantas situações, os valores do Reino parecerem ser derrotados e ridicularizados;
- apesar de o anti-reino parecer ter força e domínio e cada vez mais poder, ele jamais terá a última palavra. Seus pseudo-valores desaparecerão e já estão desaparecendo. Seu poder é como o poder daquela estátua, da qual fala o profeta Daniel. Ela tinha cabeça de ouro, peito de prata, coxas de bronze, canelas de ferro e pés de barro (cf. Dn 2,32-35).

Apesar de seu aspecto aparentemente triunfante, a estátua quebra com facilidade quando se joga uma pedra nos seus pés. Dentro do projeto escatológico de Deus, os seguidores de Jesus estão sendo chamados a serem essa pedra! À medida que recuperam a esperança de serem instrumentos de Deus, conseguem ser a pedra que faz cair o colosso aparentemente invencível. Sua esperança escatológica os faz instrumentos na mão de Deus. Instrumentos pelos quais ele realizará seu projeto escatológico de um novo céu e uma nova terra, passo a passo, no decorrer da história.

Essa fórmula profundamente bíblica, porém, não significa que devemos esperar o desaparecimento desta terra num holocausto cósmico terrível. Significa muito mais que o nosso mundo será transformado pela ação divino-humana num novo mundo que corresponderá ao plano de Deus. Essa transformação já está em andamento, contra todas as aparências opostas. Entretanto, não é uma transformação tranqüila e linear, assim como tantos cristãos gostariam que fosse. É, pelo contrário, um processo muito dinâmico e dialético, no qual os valores do anti-reino entram em conflito com os valores do Reino e, às vezes, parece que os valores do anti-reino irão triunfar. O Reino não se manifesta de imediato, como os discípulos de Jesus pensavam (Lc 19,11). "O rico seguirá engordando e desfrutando, enquanto o pobre Lázaro morrerá de fome" (Lc 16,19-31).[27] "Os inimigos continuarão seu trabalho destrutivo e opressor".[28] Os poderosos persistirão na opressão e exclusão dos fracos, e os próprios convidados terão mil desculpas para que não precisem participar do convite (Lc 14,16-24). Isso porque *este convite exige* deles uma *mudança de atitudes*. Mudança em que, os primeiros se tornarão os últimos (Lc 13,30), em que o costume de dominar deverá ser substituído pelo serviço (Mt 20,28; Lc 22,26ss) e em que a recompensa segue os critérios do amor e não aqueles do legalismo (Mt 20,1-15; Lc 15,11-32).

---

[27] SICRÉ. *O Quadrante II*, cit., p. 321.
[28] Ibid., p. 320.

Apesar de todas as inversões dos valores em vigor, apesar de parecer que em nenhuma época o Reino cresce, apesar de todas as situações em que parece que o anti-reino irá triunfar, a verdadeira história é outra.

A HISTÓRIA DA CONSTRUÇÃO DO REINO NÃO É UMA HISTÓRIA LINEAR E PACÍFICA; PELO CONTRÁRIO, É HISTÓRIA CONFLITIVA E DIALÉTICA, COM PROGRESSOS E RETROCESSOS. MAS, APESAR DE TODAS AS APARÊNCIAS OPOSTAS, O REINO DE DEUS ESTÁ CRESCENDO E CHEGARÁ À SUA ÚLTIMA PLENIFICAÇÃO. ESSA PLENIFICAÇÃO ULTRAPASSA O AGIR HUMANO. ELA É OBRA DE DEUS.

A esperança escatológica que se mantém firme além de toda esperança humana triunfará. O Reino chegará com certeza absoluta ao seu ponto final. Quando o agir humano chega ao seu limite, é neste momento que Deus começa a agir.[29] E ele agirá assim como sempre agiu no decorrer da história: ampliando e plenificando aquilo que os humanos conseguiram com os próprios esforços. Transformando tudo em todos. Acrescentando novas dimensões àquilo que foi alcançado pelo esforço humano, as quais ultrapassarão tudo aquilo que podemos imaginar agora. Essas dimensões, porém, não significarão a destruição daquilo que nós já conseguimos. Significarão muito mais sua total plenificação. A transformação do universo,[30] Deus *tudo em todos* (1Cor 15,28), a plenificação de todo um processo histórico que se iniciou há mais de treze bilhões de anos, na inimaginável explosão do *big-bang*, com a qual o cosmo começou.

Com essa transformação, o cosmo inteiro chegará ao seu destino final, entendido e trabalhado por Deus desde o início do mundo. Eis o último motivo daquilo que chamamos esperança escatológica. "O fim último da criação é que Deus, Criador do universo, tornar-se-á finalmente 'tudo em todas as coisas' (1Cor 15,28), procurando ao mesmo tempo a sua glória e a nossa felicidade".[31]

Assim se realizará aquele futuro de Deus, pelo qual a esperança escatológica aguarda, numa atitude de esperança além de toda esperança. Futuro pleno, em que o cosmo inteiro se tornará transparente, para que Deus seja visível em tudo. Última finalidade de um futuro, previsto pelo visionário na ilha de Patmos numa imagem maravilhosa e cheia de verdade: "Eis a tenda de Deus entre os homens. Ele levantará sua morada entre eles e eles serão seu povo e o próprio Deus-com-eles será o seu Deus. En-

---

[29] A prova para essa afirmação encontra-se em toda a história do agir de Deus com o povo de Israel. Em toda essa história, Deus sempre agiu em colaboração com o povo. Ele prometeu e incentivou o povo na realização daquilo que tinha prometido. Quem, porém, tinha de agir era o povo. Enquanto esse povo se mostrou capaz de alcançar os objetivos, Deus não o fez de maneira milagrosa. No momento, porém, em que esse povo ou seus representantes chegaram aos seus limites, ali Deus começou a agir. Sempre, porém, valeu aquela promessa formulada para Abraão: "...eu estarei contigo" (cf. Gn 17,2.4.7;21,22;26,4.24).

[30] Concílio Vaticano II, *Gaudium et Spes*, n. 318.

[31] CATECISMO DA IGREJA CATÓLICA, n. 294.

xugará as lágrimas de seus olhos e a morte já não existirá; nem haverá luto, nem pranto e nem fadiga, porque tudo isso já passou. E aquele que estava sentado no trono, disse: 'Eis que renovo todas as coisas'" (Ap 21,3-5).

Articulando conhecimento e vida

REINO DE DEUS

1ª Atividade

1. Buscar e aprofundar passagens do Novo Testamento nas quais aparece a relação entre "Reino de Deus" e "história".

2. Quais as razões pelas quais os cristãos, muitas vezes, esqueceram o desafio de ser "fermento" e "sal da terra"?

3. O que significa "viver de acordo com uma esperança escatológica"?

4. Quais os motivos pelos quais muitos cristãos perderam a sua esperança escatológica? Como reacendê-la?

5. Detectar situações de anti-reino: no mundo, na Igreja, em sua própria paróquia.

6. Detectar situações de Reino de Deus: no mundo, na Igreja, em sua própria paróquia.

7. Em que consiste a dialética do processo de construção do Reino? Qual é a sua dimensão escatológica?

8. Elabore um programa de passos concretos para transformar certas situações ou estruturas de anti-reino em situações de Reino. Procure seguir o método de transformação inovativo (cf. pp. 159-161).

2ª Atividade

O que significa ser *comunidade alternativa* conforme o projeto escatológico de Jesus?

Palavra de Jesus: "Entre vocês não deverá ser assim!" (Mc 10,42-45)

1. O que será que Jesus quer dizer às nossas comunidades: "Entre vocês não deverá ser assim"?

2. Onde e quando conseguimos realizar a sociedade alternativa proposta por Jesus?

3. Onde fracassamos até agora? Por quê?

4. Em que e como se deveria intensificar uma evangelização que quer seguir a vocação de formar uma sociedade alternativa?

6. O ESPÍRITO SANTO, MOTOR DO PROCESSO ESCATOLÓGICO

Os tempos atuais são os tempos do Espírito Santo. Neste Espírito, diz Jürgen Moltmann, "já antecipamos o que ocorrerá no futuro. Com o Espírito inicia-se o fim dos tempos. O tempo messiânico instala-se onde as forças e as energias do espírito de Deus descem sobre toda carne...".[32] Esta interpretação teológica da história encontra sua confirmação na grande visão de Teilhard de Chardin, conforme a qual a energia evolutiva do cosmo nada mais é do que amor: o Espírito de amor, o Espírito de Deus. É ele que numa dinâmica evolutiva de convergência conduz a história do cosmo inteiro rumo a sua última finalidade, rumo ao *ponto ômega*, em que todo o inimaginável processo evolutivo alcança sua meta final, sua *plenificação em Deus*.

A energia que impulsiona essa plenificação é, por sua vez, pessoa divina, o Espírito de Deus. Ele soprava sobre o plasma daquela tempestade cósmica termonuclear, através da qual formaram-se as estruturas da matéria, o *big-bang*,[33] e está presente e atuante na complexificação dessas estruturas no decorrer dos bilhões de anos da história do cosmo. Está presente no seu centro e seu coração, de tal maneira que toda esta história se apresenta hoje a nós como história marcada por um princípio de finalidade, um "princípio antrópico",[34] cujos elementos contradizem todas as leis do acaso.

Interligando esses fatos cosmológicos com aquela outra dinâmica a que chamamos *dinâmica histórica do Reino de Deus*, descobrimos o *profundo significado do Espírito Santo* também para o processo escatológico da realização dos planos cósmicos de Deus. Porque esses planos se realizam dentro da história e através da história. E a sua dinâmica de plenificação, o seu motor de convergência transformadora é o Espírito de Deus. Ele aponta para a "plenificação do Reino que, ao mesmo tempo, é a plenificação da história e do cosmo".[35]

Essa plenificação, no entanto, não se realiza por um ato mágico e súbito, mas através de toda uma história convergente e transformadora. Através daquela história, aliás, que nós conhecemos teologicamente sob o nome de Reino de Deus. A história de sua construção é uma história marcada pela presença do Espírito Santo. E, uma vez que este Espírito é amor,

---

[32] MOLTMANN, Jürgen. *Trindade e Reino de Deus*. Petrópolis, Vozes, 2000. p. 134.

[33] Cf. Gn 1,2.

[34] Sobre o princípio antrópico e seu significado, cf. BLANK, Renold J. *Quem, afinal, é Deus*. Paulus, 1988. pp. 19-25.
Também é interessante pesquisar na internet. Palavra de busca: "Anthropic principle".
Cf., por exemplo: http://www.reasons.org/resources/papers/design.html11/24/991.

[35] BLANK. *A dinâmica escatológica...*, cit., p. 8.

não pode ser que a história do Reino de Deus não apresente aquela característica que é típica em todo amor: a convergência de partes, rumo a uma unidade plena. É dessa maneira que o Espírito de Deus está agindo no mundo para que o processo de sua evolução se torne *um processo de união*. União das partes, união das idéias opostas, união das pessoas. União cujo último objetivo é a união plena com Deus. Reino de Deus em plenitude, na qual um mundo unido supera todos os conflitos e todas as guerras, em que uma humanidade, em convivência harmônica, vive a realização dos grandes valores de Deus. Eis o seu projeto cósmico e final.

Sob esse ângulo, toda a história se revela como um único processo dinâmico rumo a esses valores. E, no centro dessa dinâmica, encontramos o Espírito de Deus que impulsiona, que age, que transforma. Seu agir, no entanto, não é um agir à maneira de um milagreiro, miraculoso e incompreensível. Deus jamais, na história humana, agiu assim. O Espírito de Deus, quando agiu, sempre escolheu como seus instrumentos os homens e as mulheres.

Esse fato vale também para o agir escatológico do Espírito Santo: no passado, no presente e no futuro. O Espírito Santo age através de nós. O seu agir transformador é como o agir de um fermento dentro da massa (Lc 13,20ss). A massa é o mundo, e os instrumentos de transformação desse mundo somos nós.

6.1. O agir do Espírito Santo é transformador

Aqui encontramos um outro elemento do agir escatológico do Espírito de Deus. Ali, onde esse Espírito age, ele transforma, e o rumo de sua transformação aponta sempre para o mesmo: *mais vida!*

O Espírito de Deus é um Espírito de vida. Seu agir é marcado pela ampliação das dimensões de vida, da mesma maneira como Jesus descreveu o objetivo de seu agir como vida.[36] O que vale para a segunda pessoa da Trindade vale também para a terceira. O agir histórico do Espírito Santo tem como objetivo criar mais vida. Tendo em vista, porém, que este Espírito age através de nós, podemos dizer que ele nos incentiva, a fim de que transformemos situações de morte em situações de mais vida, para que superemos situações de menos vida: no âmbito individual, social, eclesial ou em qualquer outro âmbito ou em qualquer outra situação. Porque o objetivo escatológico do Espírito de Deus é a vida em plenitude, é salvação, é união com Deus uno e trino, fonte e base de toda vida.

No processo rumo a esse ideal, somos chamados a ser colaboradores do Espírito de Deus. É ele quem nos escolhe. À medida que nós aceitamos ser instrumentos e colaboradores do Espírito Santo, a transformação do

---

[36] Cf. Jo 10,10: "Eu vim para que tenham a vida e a tenham em abundância".

mundo vai progredir rumo ao Reino de Deus. À medida que homens e mulheres resistem ao seu agir, estarão freando a realização do projeto escatológico tornando-se obstáculos para a sua rápida realização.

Não obstante, porém, tais obstáculos existirem, o Espírito de Deus está agindo. Passo a passo, seus projetos se realizarão. Passo a passo, num processo progressivo e dialético, a transformação deste mundo está acontecendo. O Reino de Deus cresce, e o anti-reino com os seus falsos valores está diminuindo, de modo que o fim último de toda a dinâmica histórica só pode ser este:

> **TRIUNFO DO REINO. REALIZAÇÃO PLENA DO PROJETO SALVÍFICO DE DEUS. CONCRETIZAÇÃO DA GRANDE UTOPIA DE UM MUNDO UNIDO A DEUS E UNIDO CONSIGO MESMO, NUM ÊXTASE DE AMOR E DE VIVÊNCIA FRATERNAL ENTRE OS HOMENS E COM DEUS.**

Eis o triunfo final do agir escatológico e transformador do Espírito Santo. Agir convergente, centrado num único e permanente objetivo:

UM MUNDO ONDE DEUS SEJA TUDO EM TODOS,[37] *plenificação e objetivo final de toda a nossa esperança.*

Resumindo: A ação do Espírito Santo

O Espírito de Deus incentiva para um agir transformador dentro da história.

Seu impulso, como um vento que sopra, impulsiona um processo histórico-escatológico rumo a mais vida e mais amor.

Esse processo é marcado por uma profunda dialética entre aqueles que optam por sustentar os valores do Reino e aqueles que se opõem a esses valores.

O fim do processo, porém, será a realização plena do projeto salvífico de Deus. Será a plenificação, por parte de Deus, daquilo que homens e mulheres começaram a construir sob o impulso do Espírito Santo: o Reino de Deus em plenitude.

7. MÉTODO DE TRANSFORMAÇÃO INOVATIVA

É importante seguir um método para evitar que nossas reuniões fiquem apenas no campo das palavras. Seguir os cinco passos do método de transformação inovativa garante o sucesso!

---

[37] Cf. 1Cor 15,28.

O projeto que Deus quer realizar neste mundo e nesta história é algo maravilhoso, digno, afinal, de um Deus. E para a concretização desse seu plano, ele nos escolheu como seus colaboradores e seus agentes. Tal vocação, tantas vezes esquecida pelos próprios cristãos, exige de nossa parte uma resposta adequada. Não basta exaltar o nosso Deus e falar de seus planos. Não basta admirar os seus projetos maravilhosos e ficar sentado dentro das nossas igrejas. O que Deus espera de nós é que comecemos a agir para que através de nosso trabalho se realize o seu plano paulatinamente, até chegarmos àquele momento em que ele mesmo plenifica tudo aquilo que nós conseguimos.

Tendo em vista que os projetos de Deus são projetos inovativos, empreendimentos audaciosos e propostas surpreendentes, nossas respostas não podem ficar presas a atitudes mesquinhas e passos medrosos. Pelo contrário, devem ser inspiradas na ação do Espírito Santo. Esse Espírito, porém, é dinâmico e inovador. Derramado sobre todos os viventes, seu sopro derruba todas as barreiras e todos os medos. Inspirados por ele, os "filhos e filhas de vocês se tornarão profetas... os velhos terão sonhos e os jovens terão visões" (Jl 3,1).

Para tal agir precisamos de métodos adequados. Tantos esforços nossos não dão certo por causa da falta de método; tantas iniciativas ficam inacabadas porque nos esquecemos de estruturar nossos passos. É por causa disso e para ajudar todos aqueles que querem se engajar na construção do Reino de Deus, tornando-se colaboradores do Espírito Santo, que propomos em seguida um plano de ação estruturado. Plano que já mostrou a sua eficácia em muitas ocasiões. Seus passos devem ser seguidos, porque assim teremos uma garantia muito maior de que nossos esforços produzirão seus frutos.

1º Passo: Preparar os subsídios

Todo projeto precisa de subsídios. Antes de começar o trabalho, vale a pena perguntar-nos de quais subsídios precisamos e como prepará-los com antecedência.

— *O que realmente é necessário*? (cf. Mc 10,42-45).

— Onde podemos conseguir aquilo de que precisamos?

— Quais materiais e recursos podem ser usados?

— Existe possibilidade de recorrer a novos meios técnicos? (rádio, televisão, internet, novas técnicas de fabricação...; recorrer a empresas, bancos, associações já existentes, organizações internacionais, organizações não-governamentais, governo...; outros recursos que poderiam ser usados e outros caminhos que poderiam ser abertos: estruturas eclesiais já existentes etc.)

— Rever o projeto e seus subsídios cuidando para não esquecer nada.

2º Passo: Ver aquilo que incomoda

Tentar definir com clareza e exatidão aquilo que realmente incomoda. Muitas vezes há coisas superficiais, das quais se fala, enquanto aquilo que realmente incomoda não é mencionado. Está situado numa dimensão muito profunda, de tal maneira que os próprios integrantes do grupo não têm coragem de mencionar. Vale a pena refletir bem. Às vezes, é bom formular aquilo que incomoda por escrito. Talvez valha a pena colecionar opiniões anônimas. É importante que cheguemos às verdadeiras causas dos acontecimentos e problemas e não tratemos só dos seus efeitos ou sintomas. Também é importante que tenhamos a coragem de tocar em tabus e em "questões quentes", porque só assim será possível acharmos novas soluções para novos desafios.

3º Passo: Colecionar aquilo com o que se sonha

Dos sonhos já se falou. Sonhando, podemos transformar tudo o que é. Sonhando, conseguiremos um mundo e uma Igreja que ninguém, hoje, poderia imaginar. Também sonhando somos instrumentos para o agir do Espírito de Deus.

Todavia, nossos sonhos não podem ser mesquinhos. Nossos sonhos devem estar à altura daquele Espírito que nos faz sonhar. Não tenhamos medo de formular os sonhos de um mundo melhor e de uma Igreja transformada; de superarmos nos sonhos todos os tabus; de nos transformarmos em novos profetas e em novas profetizas do século XXI! O Espírito de Deus nos faz ter visões e, nelas, não há lugar para restrições. Formulemos sonhos por escrito, para não mais os esquecermos. Escolhamos depois um desses sonhos, discutindo-o no grupo. "Como se...", "Como seria, caso...", "Nosso sonho é de que um dia..."

Formulemos o que vemos nos sonhos! Depois *escolhamos um* deles, para começar sua realização. Antes, porém, sempre vale a pena efetuar um controle para ter certeza de que aquilo que queremos realizar corresponda mesmo ao projeto de Deus. Nosso trabalho é ouro, quando podemos dizer que o próprio Jesus também o teria feito assim. Todos os nossos esforços são palha sem valor, caso queiramos realizar os *nossos* projetos, em vez dos projetos dele.

4º Passo: Dar forma àquilo que se deseja

Sonhamos com algo que ainda não é. O maior dos sonhos, porém, é que aquilo com o qual se sonha se torne realidade. Isso é possível, porque Deus é conosco. É ele quem nos incentiva a realizar não só os nossos sonhos, mas os sonhos dele, os sonhos de Deus.

Para que isso seja possível, é necessário *planejar*; primeiro: devemos definir o que queremos, passo a passo. Depois, é necessário medir o caminho a ser percorrido, conforme a situação em que estamos no momento, até a realização do sonho. O que se faz necessário? Quais são os primeiros passos que podem ser dados? Quais os segundos? É importante saber que longas caminhadas se fazem por pequenos passos. Estabelecemos sua seqüência, não esquecendo de definir quais os subsídios de que precisamos para cada passo. É importante, também, lembrar que num grupo de pessoas, em geral, se alcançam melhores resultados do que sozinho. Hoje se trabalha em equipes. Até Jesus já recorreu a essa metodologia.

5º Passo: Agir, para que o projeto se torne realidade

Uma vez estabelecidos os passos a serem percorridos, uma vez definidos os papéis e toda a rede de suporte, podemos começar a agir, passo a passo, seguindo todo um cronograma. Até essa data, queremos ter realizado isso, até aquela data queremos ter alcançado tal resultado. É bom controlar sempre os passos e as datas e, caso necessário, rever o projeto. E é bom também não esquecer que uma grande obra, em geral, não se alcança de graça, mas só por meio da superação de muita resistência. O que se consegue, no entanto, é uma primeira fatia. Uma vez alcançada essa fatia, pode-se conquistar a próxima, e assim por diante, até termos realizado o projeto inteiro. É uma tática fundamental, quando se quer chegar ao fim, realizando com êxito um projeto.

O mais importante de tudo: nunca esquecer que em todo o nosso agir Deus está conosco, quando este agir tem como objetivo realizar o seu Reino.

MÉTODO DE TRANSFORMAÇÃO INOVATIVA
Seguir os cinco passos garante o sucesso!

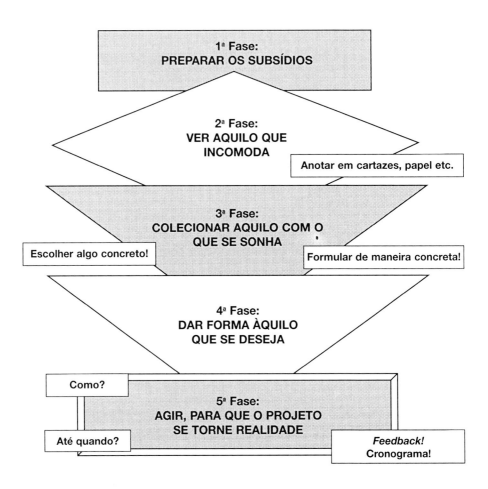

Bibliografia

Vv.Aa. Cristo Ressuscitou. *Cadernos Bíblicos,* n. 17, São Paulo, Paulinas, 1984.

Vv.Aa. Uma leitura do Apocalipse. *Cadernos Bíblicos,* n. 22, São Paulo, Paulinas, 1983.

Anderson, A. F. & Gorgulho, G. *Escatologia.* São Paulo, 1997.

————. *A ressurreição é libertação.* São Paulo, 1996.

Barreiro, A. *Os pobres e o Reino.* São Paulo, Loyola, 1983.

Bellinato, G. *Um mundo novo.* São Paulo, Paulinas, 1990.

Blank, Renold J. *Nossa vida tem futuro.* São Paulo, Paulinas, 1991.

————. *Nosso mundo tem futuro.* São Paulo, Paulinas, 1993.

————. *Reencarnação ou Ressurreição, uma decisão de fé.* São Paulo, Paulus, 1995.

————. *Esperança que vence o temor.* São Paulo, Paulinas, 1995.

————. O significado escatológico da ressurreição de Jesus. *Revista de Cultura Teológica,* 20 (1997) 80ss.

————. A dinâmica escatológica do Espírito Santo. *Revista de Cultura Teológica,* 25 (1998) 8ss.

————. *A morte em questão.* São Paulo, Loyola, 1998.

————. *Deus, uma proposta alternativa.* São Paulo, Paulus, 1999.

————. *Escatologia da pessoa*; vida, morte e ressurreição. São Paulo, Paulus, 2000.

————. *Escatologia do mundo;* o projeto cósmico de Deus. São Paulo, Paulus, 2001.

Bollini, C. *Céu e inferno, o que significam hoje?* São Paulo, Paulinas, 1996.

Boros, Ladislaus. *Deus da esperança.* São Paulo. Loyola, 1976.

Burgraeve, R. Responsável por um novo céu e uma nova terra. Concilium, 236 (1991) 113-124.

Clévenot, M. *Enfoques materialistas da Bíblia.* Rio de Janeiro, Paz e Terra, 1979.

Desroche, Henri. *Sociologia da esperança.* São Paulo, Paulinas, 1985.

Feiner, J. & Loehrer, M. A Escatologia. *Mysterium Salutis,* Petrópolis, Vozes, 1985. v. 3.

Freire-Maia, N. *Criação e evolução.* Petrópolis, Vozes, 1986.

Gleiser, Marcelo. *A dança do universo.* São Paulo, Companhia das letras, 2000.

Goff, J. *O nascimento do purgatório.* Lisboa, Estampa, 1993.

Gourgues, Michel. *A vida futura segundo o Novo Testamento.* Cadernos Bíblicos, n. 43, São Paulo, Paulinas, 1986.

GRELOT, P., *A esperança judaica no tempo de Jesus.* São Paulo, Loyola, 1996.

HOORNAERT, E. *O movimento de Jesus.* Petrópolis, Vozes, 1994.

HORSLEY, R. & HANSON, J. *Bandidos, profetas, messias.* São Paulo, Paulus, 1995.

JUNG, Carl Gustav. *Psicologia e religião.* Petrópolis, Vozes, 1976.

KEHL, M. *Escatología.* Salamanda, Sígueme, 1992.

LIBANIO, J. B. *Utopia e esperança cristã.* São Paulo, Loyola, 1989.

LIBANIO, J. B. & BINGEMER, M. C. L. *Escatologia cristã.* Petrópolis, Vozes, 1985.

MOLTAMANN, J. *Trindade e Reino de Deus.* Petrópolis, Vozes, 2000.

MORIN, E. *Jesus e as estruturas de seu tempo.* São Paulo, Paulinas, 1981.

MUSSNER, Franz. *O que Jesus ensina sobre o fim do mundo.* São Paulo, Paulinas, 1990.

NEUTZLING, I. *O Reino de Deus e os pobres.* São Paulo, Loyola, 1986.

PEÑA, J. R. de la. *La pascua de la creación.* Madrid, BAC, 1996.

PIXLEY, G. V. *O Reino de Deus.* São Paulo, Paulinas, 1986.

QUEIRUGA, A. T. *Inferno, o que queremos dizer quando dizemos.* São Paulo, Paulus, 1997.

RAHNER, Karl. *Sentido teológico de la muerte.* Barcelona, Herder, 1965.

RALPH, M. N. *A Bíblia e o fim do mundo.* São Paulo, Loyola, 2000.

RICHARD, P. *Apocalipse*; reconstrução da esperança. Petrópolis, Vozes, 1996.

SEGUNDO, J. L. *Que mundo? Que homem? Que Deus?* São Paulo, Paulinas, 1995.

—————. *A história perdida e recuperada de Jesus de Nazaré.* São Paulo, Paulus, 1997.

SICRE, J. L. *O quadrante. Introdução aos Evangelhos.* São Paulo, Paulinas, 2000. v. 1-3.

SOBRINO, J. *Cristologia a partir da América Latina.* Petrópolis, Vozes, 1983.

—————. *Jesus na América Latina.* São Paulo, Loyola, 1985.

SUMÁRIO

APRESENTAÇÃO DA COLEÇÃO 5

INTRODUÇÃO 9

É POSSÍVEL! UMA BOA-NOVA PARA A ESPERANÇA

CAPÍTULO I. QUEM TOMA A PALAVRA? 13

1. Estamos a nos perguntar 13
   1.1. Sobre o que perguntamos 15
   1.2. Com quem dialogamos 17
2. Dialogando com a antropologia teológica 19
   2.1. A palavra da antropologia 19
   2.2. Com a palavra, a antropologia teológica 21

CAPÍTULO II. PALAVRA DE ESPERANÇA 23

1. Ouvindo do Pai: parentesco universal 23
   1.1. Os humanos: seres corpóreos, espirituais e compassivos 23
   1.2. Os humanos: trabalhadores criativos 24
   1.3. Humanidade: construção da solidariedade 29
   1.4. Homens profetas 30
   1.5. Homens irmãos: filhos de Deus Pai e Mãe 32
   1.6. Homens: habitações de Deus 33
2. Na voz do Filho: uma antropologia 34
   2.1. Caminho de humanização 35
   2.2. Para alguns: uma Boa-Notícia 36
   2.3. Resgate crítico da corporeidade 38
   2.4. Boa-Notícia: uma antropologia biopsicossocial 39
   2.5. Para um Ano da Graça 41
3. Onde fala o Espírito 43
   3.1. A palavra é da comunidade, na qual o Espírito fala e é ouvido ... 43
4. No concerto das vozes 45

CAPÍTULO III. A PALAVRA SE DESDOBRA E COMUNICA BOA-NOTÍCIA ... 49

1. O simbólico e o imaginário religioso 49
   1.1. Linguagens da fé 53
   1.2. A natureza como linguagem 54
2. No simbólico, a expressão de religiosidade 56
   2.1. O simbólico e a reconstrução da unidade 58
   2.2. O simbólico aponta para o Mistério 59
   2.3. O simbólico: linguagem de oração 60
   2.4. A fala do Espírito 60
3. No simbólico pode estar o diabólico 63

CAPÍTULO IV. UM PROCESSO DE HUMANIZAÇÃO 67

1. A preservação humanizadora das fontes do imaginário 67
   1.1. A preservação da memória das práticas históricas da humanidade ... 67
   1.2. A preservação da memória do Bem e do Mal 71
   1.3. A preservação da multiplicidade de linguagens 73
   1.4. A preservação da Beleza 74

Vocabulário 78

Bibliografia 79

A DIMENSÃO ESCATOLÓGICA DE NOSSA ESPERANÇA

CAPÍTULO I. A RESSURREIÇÃO DE JESUS, FUNDAMENTO E BASE DE TODA
ESPERANÇA ESCATOLÓGICA 83

1. A morte não tem a última palavra.. 83
2. Prova sociológica da ressurreição de Jesus 85
3. A ressuscitação de Jesus torna-se a base para a esperança
de nossa própria ressuscitação 88
4. A ressuscitação de Jesus confirma também as esperanças históricas
de que este mundo vai mudar 89

CAPÍTULO II. A GRANDE PROMESSA DO RESSUSCITADO:
VIDA ALÉM DA MORTE PARA TODOS 95

1. A problemática do confronto entre fé e realidade da morte 95
2. A resposta de Deus diante da morte 96
3. O último destino das pessoas que morrem é a vida em plenitude 98
4. Será que todas as pessoas humanas alcançarão este último destino? 99
5. Palavra de Jesus: "Deus não condena ninguém" 101
6. Será que a morte significa então uma igualação geral de todos? 103
   6.1. A grande verdade daquilo que é a "situação de purgatório" 104
7. Como entender o verdadeiro conteúdo da noção de "purgatório"? 105
   7.1. Falar hoje de purgatório não cheira à Idade Média? 105
   7.2. Por que muitos cristãos não acreditam mais no purgatório? 106
   7.3. Será que a idéia de purgatório tem fundamentos objetivos que a podem sustentar? 106
   7.4. Quem faz a experiência de purgatório?
        Haveria pessoas que não passam por ela? 107
   7.5. Quando é o purgatório? Depois da morte?
        Alguns dizem que o purgatório é aqui mesmo! 108
   7.6. Em que consiste então a experiência chamada "purgatório"? 108
   7.7. Afinal de contas, todos, bons e maus, na morte têm a mesma chance? 110
   7.8. Qual é a diferença entre purgatório e aperfeiçoamento mediante a reencarnação? 110
   7.9. A doutrina católica do purgatório é oposta a toda concepção reencarnacionista 110
   7.10. Na tradição cristã católica, como compreender as imagens tradicionais
         de um purgatório de fogo? 111
   7.11. Tem sentido rezar pelos mortos, pelas "almas" do purgatório? 112
8. Onde, nessa concepção, fica o "juízo particular"? 114
9. Seria uma contradição imaginar uma alma, separada do corpo,
esperar na eternidade até que aconteça o juízo final................................ 117
10. Em que consiste, então, o "juízo final"?....................................... 120

CAPÍTULO III. A RESSURREIÇÃO DE JESUS, FUNDAMENTO E BASE DE UM MUNDO
TRANSFORMADO POR DEUS 125

1. Juízo final e parusia do Senhor.. 125
2. Parusia, a grande revelação final sobre Jesus Cristo 126
   2.1. A parusia não será um acontecimento triunfalista 126
   2.2. A parusia deverá seguir os critérios que sempre marcaram o agir histórico de Deus 127
   2.3. A parusia e os critérios de identificação entre Jesus e os seus irmãos humanos 127
   2.4. A parusia se tornará a grande revelação final sobre Jesus Cristo 128

3. Fim do mundo não significa que ele vá desaparecer,
mas que alcançou sua última finalidade em Deus 130
4. Fim do mundo, parusia e cristificação do cosmo 132
5. Reino de Deus, sigla para o processo histórico do mundo
segundo as perspectivas de Deus 134
   5.1. Muitos cristãos perderam sua esperança escatológica 134
   5.2. A esperança escatológica incentiva a transformação do mundo 138
   5.3. O projeto do Reino de Deus se realiza como
   processo dialético e conflitivo dentro da história 140
   5.4. A última transformação do mundo num novo céu e numa nova
   terra ultrapassa todo esforço humano 144
6. O Espírito Santo, motor do processo escatológico 148
   6.1. O agir do Espírito Santo é transformador 149
7. Método de transformação inovativa 150

Bibliografia 155

SIGLAS

BAC   Biblioteca de Autores Cristianos

CELAM   Conferência Geral do Episcopado Latino-Americano

CNBB   Conferência Nacional dos Bispos do Brasil

           Em geral, os outros documentos foram citados por extenso.

ABREVIATURAS

VV. AA.	vários autores
&	e (p. ex.: A. F. Anderson & G. Gorgulho: autores de uma mesma obra)
art.	artigo
c.	capítulo
cf.	confrontar, ver também
ed.	edição
Ibid.	ibidem, mesma obra
Id.	idem, mesmo autor
n.	número
op. cit.	obra já citada anteriormente pelo mesmo autor
p. / pp.	página / páginas
p. ex.	por exemplo
s / ss	seguinte / seguintes (p. ex.: p. 40s = p. 40 e 41; p. 49ss = p. 49 e seguintes)
s.d.	sem data de edição
s.l.	sem local de edição
trad.	tradução
v.	volume
XX (...) XX	n. da publicação da revista (ano) páginas. P. ex.: *Concilium* 236 (1991) 113-124.

Cadastre-se no site

www.paulinas.org.br

Para receber informações
sobre nossas novidades
na sua área de interesse:

- Adolescentes e Jovens • Bíblia • Biografias • Catequese
- Ciências da religião • Comunicação • Espiritualidade
- Educação • Ética • Família • História da Igreja e Liturgia
- Mariologia • Mensagens • Psicologia
- Recursos Pedagógicos • Sociologia e Teologia.

Telemarketing 0800 7010081

Impresso na gráfica da
Pia Sociedade Filhas de São Paulo
Via Raposo Tavares, km 19,145
05577-300 - São Paulo, SP - Brasil - 2016